●短距離走

●前回り

DVD&完全ビジュアル

すべての子どもが必ずできる
体育の基本

髙橋健夫　松本格之祐
尾縣　貢　髙木英樹　編

走る・泳ぐ・投げる・回る・跳ぶ…

必ずできるようになる
正しい体育の
学び方・教え方

●ボールを投げる

●跳び箱

子どもの視点に立った
アドバイス！
運動のチェックポイントが
わかる！

Gakken

はじめに

【お父さん・お母さんのための体育指導書】

　本書は、「もっとも基本的な運動をすべての子どもたちに習得させたい」という願いをこめて編集されました。小学生の子どもを持つお父さんやお母さん、保護者の方に、そして小学校の先生方に本書を参考にご指導いただき、子どもたちに運動ができる喜びを味わわせていただきたいと思います。また、できれば幼児のお父さんやお母さん、幼稚園や保育園の先生方にも、是非活用していただきたいと思います。本書は「お父さん・お母さんのための体育指導書」なのです。

【運動は学習によって習得される】

　「人間の運動は自然に発達するもの」、「運動の上手・下手は先天的な運動神経のよさや悪さによって決まってしまうもの」と思いこんでいる人が多いようですが、そのような考えは間違っています。犬や猫は生まれ落ちるとすぐに親と同じように動けるようになりますが、人間の場合はそうではありません。「狼に育てられた子」の話は有名ですが、人間の子が狼に育てられると、人間らしい運動ができず動物のような動きになってしまうという説もあります。人間の運動は他の動物と違って、すべて後天的な学習によって獲得されます。特に幼稚園・小学校の時期に人間としての運動の大半は習得されます。この時期に基本的な運動を確実に習得することは、健康で逞しい生活を営むうえで不可欠であるばかりでなく、生涯にわたって豊かなスポーツライフを営んだり、人と人との交流を楽しんだりするうえで重要な意義を持っています。

【生育環境の変化と体力・運動能力の低下】

　ところが、近年、家庭や地域の生育環境が急激に変化し、子どもたちの体力や運動能力が低下し続けています。低下傾向は就学前の子どもから始まっているといわれます。地域での運動遊びの環境が劣悪になったことに大きな原因があります。例えば、ボールを遠くに投げる能力が顕著に低下していますが、それは地域での伝統的な遊びが姿を消してしまったことが深く関係しています。昔は、メンコ、紙鉄砲、落下傘投げ、釘さし、石投げなど、ボール投げに類似したやさしい運動遊びがたくさんあり、これらの遊びを通して子どもたちはボールを遠くに投げるために必要な基礎的な感覚や動きを身に付けていました。最近の子どもの多くは、これらの遊びをほとんど経験することなく小学生になるため、投げる能力が低下したとしても不思議ではありません。そのことは器械運動や陸上運動についても同様です。

【20の基本的な運動とやさしい指導プログラム】

　本書は、日本のすべての子どもたちに豊かな身体的教養を保証するために、あらゆる運動学習の基礎・基本となる20の運動を厳選し、最善の指導プログラムを提供しています。20の運動には、走る、跳ぶ、投げる、マットで回る、逆立ち、逆上がり、開脚跳び、なわ跳び、泳ぐなどの小学校体育授業で重視されているもっとも基本的な運動がすべて含まれています。しかも、これらの運動について、お父さんやお母さんでも簡単に指導できるように、「運動技術の特徴」、「大切なポイント」、「段階的な練習の方法」、「つまずきと解決の方法」などを写真やイラストによってわかりやすく解説しています。これらのプログラムは、運動学やスポーツ教育学のデータに基づいて、また多年にわたる教育実践から得られた経験知に基づいて開発されたものです。

【運動学研究者とベテラン教師のコラボレーション】

　本書は、子どもたちの運動指導に関わって科学的研究を進めている大学教員（博士）と小学校で長年指導にあたってきたベテラン教師によって編集・執筆されました。また高橋と尾縣は、新学習指導要領の作成委員でもあります。このように本書は研究者と実践者とのコラボレーションによって生み出されました。このようにして生み出された指導プログラムは、間違いなく子どもたちの運動習得に役立つものと確信しています。

　最後に、本書の編集にあたっていただいた学研教育みらいの中束正典さんに、衷心より感謝いたします。

平成22年3月末日　編著者代表　日本体育大学大学院教授　髙橋健夫

この本の使い方

※本書は、2010年（平成22年）発行の書籍『すべての子どもが必ずできる　体育の基本』に、DVDを付けて新たに発行したものです。

この**運動ができるようになる**ための**動き方**を、わかりやすくていねいに掲載しました。

正しい運動のしかたが、**DVDの映像**でわかります。

子どもにわかりやすいことばで伝えるアドバイスです。
実際の指導のなかで子どもができるようになった、効果的なことばを選びました。

この**運動ができるようになる練習のしかた**を、段階的に示しています。
ステップを踏んで練習すれば、確実にできるようになります。

この運動の、**特に大切なポイント**です。
これを身に付ければ、この運動ができるようになります。

子どもの**動きを見る**ときの**チェックポイント**です。
動きが正しくできているか、できないときはどこを直せばよいかがわかります。

この運動に**よくあるつまずき**をタイプ別に集めました。
この運動ができないときは、ここを見れば、解決法がわかります。

体育の科学、体育の歴史、この運動が身に付くとどんなことができるようになるか、などさまざまな**「体育の教養」**についてのコラムです。

DVDのご利用方法

1）DVDをプレーヤーにセット
このディスクは挿入後、DVDの注意事項に続き、自動的にメニュー画面が表示されますが、一部のプレーヤーによっては「PLAY」ボタンを押さないと動作しない場合があります。

2）メニュー画面から見たい項目を選択、再生
DVD本体、またはリモコンの「方向カーソル」キーで目的のボタンを選択し、決定「エンター」キーを押してください。
※詳しい操作方法は、お使いのプレーヤーの取扱説明書をご覧ください。

- このDVDビデオは著作権法で保護されています。従って有償・無償に拘わらず、権利者に無断で各種の複製、放送（無線・有線）、公衆送信、上映、レンタル等を行うことを禁止いたします。
- このDVDビデオは、映像と音声を高密度に記録したディスクです。DVDビデオ対応のプレーヤーで再生してください。対応機種以外での再生における事故、故障などは一切の責任を負いません。またDVDドライブ搭載のパソコンでも再生できますが、まれに一部の機種では再生できない場合があります。ご使用になる機種の取扱説明書をご覧ください。
- 図書館の館外への貸与は認めません。

CONTENTS 目次

すべての子どもが必ずできる 体育の基本

はじめに …………………………………… 2
この本の使い方 …………………………… 3

No.01 速く走る
短距離走 DVD …………………… 6
1. 走ることを楽しもう ……………………… 8
2. 全力でダッシュしてみよう ……………… 8
3. 最大スピードで走ってみよう …………… 9
4. いろいろな動きを試してみよう ………… 10
5. ペースを考えて走ってみよう …………… 11
◆よくあるつまずきと解決の方法◆ ……… 12

No.02 長く走る
長距離走 DVD ………………… 14
1. 正しく歩いてみよう ……………………… 16
2. 気持ちよく走ってみよう ………………… 16
3. ペースを考えながら走ってみよう ……… 17
◆よくあるつまずきと解決の方法◆ ……… 18

No.03 高く跳ぶ
走り高跳び DVD ……………… 20
1. 跳び上がってみよう ……………………… 22
2. 助走から踏み切ってみよう ……………… 23
3. バーをクリアしてみよう ………………… 24
◆よくあるつまずきと解決の方法◆ ……… 26

No.04 遠くへ跳ぶ
走り幅跳び DVD ……………… 28
1. 踏み切ることに慣れよう ………………… 30
2. 踏み切り前のリズムアップを身に付けよう … 31
3. 必要な力を身に付けよう ………………… 32
◆よくあるつまずきと解決の方法◆ ……… 33

No.05 前や後ろへ回る
前回り DVD ……………………… 36
1. 前後にゆれてみよう ……………………… 38
2. いろいろな動きから回ってみよう ……… 38
3. いろいろな場所で回ってみよう ………… 38
◆よくあるつまずきと解決の方法◆ ……… 39

No.06 前や後ろへ回る
後ろ回り DVD …………………… 40
1. 前後にゆれてみよう ……………………… 42
2. 回りやすい場所で回ってみよう ………… 42
3. 動きを発展させてみよう ………………… 42
◆よくあるつまずきと解決の方法◆ ……… 43

No.07 逆立ちになる
1.壁逆立ち DVD ………………… 44
1. 逆立ちに必要な感覚を身に付けよう …… 46
2. やさしいステップで ……………………… 48
◆よくあるつまずきと解決の方法◆ ……… 49

2.側方倒立回転 DVD …… 50
1. 逆立ちで側方倒立回転に必要な感覚を身に付けよう … 52
2. やさしいステップで ……………………… 53
◆よくあるつまずきと解決の方法◆ ……… 55

No.08 鉄棒に上がる
逆上がり DVD …………………… 56
1. 逆さ感覚を身に付けよう ………………… 58
2. 必要な力を身に付けよう ………………… 59
3. 小さな段階を踏んで練習しよう ………… 61
◆よくあるつまずきと解決の方法◆ ……… 61

No.09 鉄棒を回る
ひざかけ後ろ回り DVD … 64
1. 回る感覚を身に付けよう ………………… 66
2. 親子でいっしょに練習しよう …………… 67
3. こんな技にも挑戦しよう ………………… 68
◆よくあるつまずきと解決の方法◆ ……… 69

No.10 跳び箱を跳ぶ

1. 開脚跳び DVD ……… 72
1. やさしい運動で基礎的な感覚を身に付けよう …… 74
2. 小さな段階を踏んで挑戦しよう……………… 76
◆よくあるつまずきと解決の方法◆ ……………… 77

2. 台上前転 DVD 78
1. マットで大きな前転ができるようになろう ……… 80
2. 跳び箱の上で前転しよう……………………… 80
3. やさしい場所で台上前転に挑戦しよう ……… 81
◆よくあるつまずきと解決の方法◆ ……………… 81

No.11 水にはいる
水慣れ・浮く・もぐる …… 82
1. 水に慣れよう ………………………………… 84
2. 楽しく浮いてみよう ………………………… 85
3. 自由にもぐってみよう ……………………… 87
◆よくあるつまずきと解決の方法◆ ……………… 89

No.12 泳ぐ
クロール DVD ……………… 90
1. ストリームライン姿勢を身に付けよう ……… 92
2. 水をとらえて進んでみよう ………………… 93
3. 呼吸をしながら泳いでみよう ……………… 95
◆よくあるつまずきと解決の方法◆ ……………… 96

No.13 泳ぐ
平泳ぎ DVD ……………… 98
1. 平泳ぎの足のキックをマスターしよう …… 100
2. 腕のかきと呼吸を練習しよう ……………… 101
3. 腕と足のタイミングを合わせて泳いでみよう …… 103
◆よくあるつまずきと解決の方法◆ ……………… 104

No.14 投げる
ボールを投げる DVD …… 106
1. 投げる要素のある遊びを楽しもう ………… 108
2. 投げる前の準備動作を身に付けよう ……… 108
3. 投げる方向を安定させよう ………………… 109
4. 力強い投げ動作を身に付けよう …………… 110
◆よくあるつまずきと解決の方法◆ ……………… 112

No.15 打つ
ボールを打つ DVD ……… 114
1. 手で打つ …………………………………… 116
2. 止まったボールを打つ …………………… 117
3. 投げられたボールを打つ ………………… 120
◆よくあるつまずきと解決の方法◆ …………… 121

No.16 受ける
ボールを受ける(捕る) DVD … 122
1. ボールを受ける・捕る …………………… 124
2. 移動しながらボールを受ける・捕る ……… 126
3. ボールを捕って投げる …………………… 127
◆よくあるつまずきと解決の方法◆ …………… 127

No.17 なわを跳ぶ(短なわ)
二重跳び DVD ……………… 128
1. なわ回しに慣れよう ……………………… 130
2. 二重跳びに挑戦 …………………………… 132
なわ選びやなわの使い方 …………………… 133
◆よくあるつまずきと解決の方法◆ …………… 134

No.18 なわを跳ぶ(長なわ)
8の字跳び DVD ……………… 136
1. 長なわ跳びに慣れよう …………………… 138
2. 回っているなわに入ってみよう ………… 139
3. 8の字跳びに挑戦しよう ………………… 140
4. いろいろな8の字跳びに挑戦しよう …… 141
◆よくあるつまずきと解決の方法◆ …………… 142

No.19 遊具で遊ぶ
遊具で遊ぶ ……………… 144
1. 遊具で遊ぼう ……………………………… 146
2. 遊具でこんな技をやってみよう ………… 148
3. 遊具を使ってみんなで遊ぼう …………… 150
◆よくあるつまずきと解決の方法◆ …………… 151

No.20 一輪車に乗る
一輪車 DVD ……………… 152
1. 補助をつけて一輪車に乗り、前進してみよう …… 154
2. 補助なしで前へ進む練習をしてみよう ……… 155
3. 補助なしで一輪車に乗って、進んでみよう …… 156
4. いろいろな進み方・乗り方に挑戦しよう …… 157
5. いろいろチャレンジ! ……………………… 158
一輪車を楽しむために ……………………… 159

DVD ※DVDに映像が収録されている運動です。

No.01 短距離走

速く走る　●対象：小学校1～6年

◆正しい短距離走とは？◆ → DVD

スーパーアドバイス　10m先に低く張ってあるゴムをくぐるイメージでダッシュしよう

- 背筋を伸ばしてかまえます。
- → 両手と前足に体重をかけます。お尻を真上に上げます。
- → 後方の足を力強く前方に引き出します。
- → 徐々に上体を起こしていきます。
- → 両腕を力強く振り、ひざでリードして走ります。

チェックポイント　足から頭までが一直線になるようにキックをしているか

チェックポイント　腕を力強く振っているか

チェックポイント　上体の前傾を保っているか

大切なポイント　地面をしっかりとキックすることが大切です

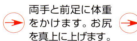

接地の姿勢　

離地の姿勢　

スピードを高めるためには、接地時のブレーキを小さくして、キックで地面に大きな力を加えることが大切になります。そのためには、適切なストライド（歩幅）で走ることが求められます。

〈練習のしかた〉
- ●ポイント走　　（P10）
- ●上り坂走　　　（P10）
- ●ライン踏み走　（P11）

ライン踏み走で自分に合ったストライドを見つけ、上り坂走では強く地面をキックする感覚を理解しましょう。また、ポイント走では、左の写真のような適切な姿勢で接地できるように意識をしましょう。

練習のしかた		
1. 走ることを楽しもう	➡P8	
2. 全力でダッシュしてみよう	➡P8	
3. 最大スピードで走ってみよう	➡P9	
4. いろいろな動きを試してみよう	➡P10	
5. ペースを考えて走ってみよう	➡P11	

よくあるつまずき ➡P12

速く走る / 短距離走

- 腕振りはダンスを踊るようにリズミカルに
- かかとをお尻にぶつけよう
- 両足をはさみのように素早く前後に動かそう

→ 上体に余分な力を入れないようにします。

→ リズミカルに腕を振ります。体の真下近くに足を着きます。

→ 地面をキックした足を素早く前に引き出します。

→ 両足を前後にはさむ意識を持ちます。

チェックポイント リラックスしているか

チェックポイント 軽快なリズムで走っているか

チェックポイント 両足を前後に素早くはさむように動かしているか

コーナーの走り方

　コーナーが急でスピードが速いほど遠心力が大きくなり、外に放り出されるような力が働きます。バランスをとってコーナーをうまく回るためには、体を少し内側に傾けます。

　直線よりもさらにリラックスして、リズミカルに走ることが大切になってきます。

体が少し内側に傾くよ

◆練習のしかた◆

Step 01 走ることを楽しもう
〈小学校 低学年〉

●鬼遊び

いろいろな鬼遊びをやってみましょう。鬼遊びは、ダッシュする、全力で走る、走りながら進む方向を変える、止まるなどのさまざまな運動の要素を含んでいます。楽しみながら走る練習ができる素晴らしい遊びです。

●リレー遊び

パスのしかた（手でタッチ・バトン・輪・ボールなどをパス）、走る距離、走るコース（直線・曲線、トラック・野外など）、チームの人数などを変えて、いろいろなリレーを楽しみましょう。

楽しむことが第一優先です。

Step 02 全力でダッシュしてみよう
〈小学校 中・高学年〉

●じゃんけんダッシュ

1.5～3m離れて向かい合い、じゃんけんをします。負けたほうは、すぐに反対を向きダッシュ、勝ったほうは追いかけて、背中にタッチをします。安全地帯に逃げ切れば勝ちです。

●変形スタートダッシュ

両足を伸ばして座る、正座、うつ伏せ、仰向け、立った姿勢などいろいろな姿勢をとり、スタートの合図を聞いて全力でダッシュします。ダッシュの能力のほかにも、体を操る能力も高めることができます。10〜20m程度の距離を競走してみましょう。

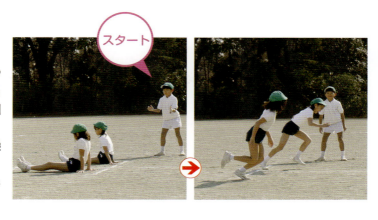

●クラウチングスタート
（地面に両手をついた姿勢からのスタート）

ラインから前足までの間隔や両足の間隔で、クラウチングスタートは大きく3つのスタイルに分けることができます。足や腕の筋力が十分に発達していない子どもたちは、まずエロンゲーテッドから入ると良いでしょう。そして、ミディアム、バンチを試すようにしましょう。

①ミディアムスタート
足の位置も中間的で、もっとも一般的。
②バンチスタート
腕への負担が大きくバランスが悪いが、1歩目が早く出せる。
③エロンゲーテッドスタート
「ドン（信号器）」への反応は遅いが、キック力が大きくバランスも良い。

自分に合った足の位置を決めよう

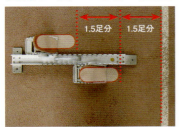
①ミディアムスタート

②バンチスタート

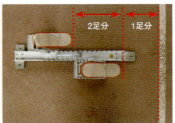
③エロンゲーテッドスタート

Step 03 最大スピードで走ってみよう
〈小学校 高学年〉

●ラビット走

2〜3mくらい離れ同じ方向を向いて、スタートの姿勢をとります。スタートの合図で2人同時にダッシュし、後ろの人は前の人を追いかけます。ぶつからないように、左右に少しずらして構えるとよいでしょう。追いついたら、背中に軽くタッチします。前に目標があると、より速いスピードを出せるようになります。

No. 01 短距離走

●ウエーブ走

15〜20mおきにコーンなどの目印を置きます。最初の区間でダッシュ、次の区間ではスピードをゆるめ、そのスピードを楽に維持するように走り、続く区間で再度スピードをアップ、というようにスピードを波のように上げ下げします。楽にスピードを高める動きを身に付けます。

トータルで80〜100m程度の距離になるようにセットします。

Step 04 いろいろな動きを試してみよう
〈小学校 高学年〉

●ポイント走

10m程度の助走をつけて、続く20〜30m区間のタイムを測定します。測定区間では、腕の振り方、ひざの上げ方、足をつく位置、キックのしかたなど動きのポイントを意識して走ります。そのときのタイムをすぐに知ることで、速く走ることのできる動きがわかります。一度に多くのポイントを意識することは難しいので、1つか2つ程度にしましょう。

●上り坂／下り坂走

上り坂を走ると、ももの後ろやお尻の筋肉が、緩やかな下り坂を走ると、ももの前の筋肉がより強く働きます。また、動きも変わってきます。いろいろな斜面を走ってみると、気持ちよく走ることができる動きを体験できるでしょう。坂が急すぎると、動きが乱れてしまうことがありますので注意が必要です。

●ライン踏み走

いろいろな間隔（1〜1.8mくらい）に引いたラインを踏みながら全力で走ってみましょう。ラインの間隔の狭いレーンでは、素早く足を回転させ、広いレーンでは強くキックして走ります。そして、自分の走りやすいレーン、速く走ることができるレーンを見つけて、そこで何度も繰り返し走ると、自分に合ったピッチ（足の回転速度）とストライド（歩幅）を身につけることができます。ラインを引く代わりに、ミニハードルをまたぎながら走っても同じ効果が得られます。

歩幅を変えて走ろう

Step 05 ペースを考えて走ってみよう
〈小学校 高学年〉

●ペースを知る方法

20mごとに立ち、ランナーが目印を通過したらストップウオッチを押して区間のタイムを計測します。友達と比べて優れている区間や劣っている区間を明らかにしましょう。これを参考にして、ペース配分を考えて走ってみます。

たとえば、後半に極端にスピードが低下する人は、中盤でスピードをゆるめるとタイムが良くなることもあります。

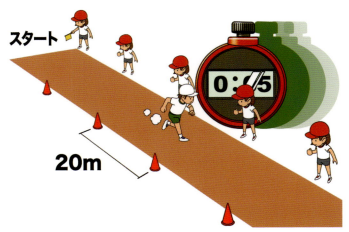

COLUMN
データに基づく100メートル走の科学

100m走は、スタートからフィニッシュまで全力で走るもの、と考えていませんか。左のグラフは、100m9秒58の世界記録を持つウサイン・ボルト（ジャマイカ）のスピード曲線です。後半で加速しているように見えますが、実はスピードは低下しているのです。この後半のスピード低下を最小限に抑えるようにペースを考えることがトップスプリンターの課題なのです。

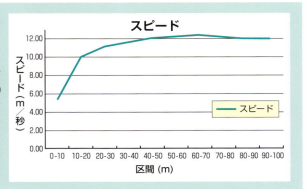

速く走る　短距離走

◆よくあるつまずきと解決の方法◆

つまずき01 スタートですぐに体が起きてしまう

スタート直後に体が起きてしまうと、ダッシュで十分にスピードを上げることができません。徐々に上体を起こしていって、スムーズな加速を心がけましょう。

スタートはストライドに注意！

解決法 スタート直後の数歩が大きすぎると体が起きてしまいます。線を引いたり、マークを置くなどして適切なストライド（歩幅）で走るようにしてみましょう。

つまずき02 歩幅が広すぎたり狭すぎたりする

ストライドが広すぎると、1歩1歩が走り幅跳びの踏み切りのようになり、大きなブレーキがかかります。逆に狭すぎると、その場足踏みのようになり効率が悪くなります。

解決法 11ページのライン踏み走で自分に合ったストライドを見つけましょう。腕振りの大きさ変えることでもストライドを調整することができます。大きく振ればストライドは広くなり、小さく素早く振れば、狭くなります。

つまずき03 ジグザグに走ってしまう

レーンの中をジグザグに走ると、余分にたくさんの距離を走ることになります。また、隣のレーンに入ると、失格になってしまいます。

解決法 上を見たり、目をつぶったりして走らず、フィニッシュ（ゴール）を見ながら走りましょう。まっすぐに引かれたライン上を走ってみるのも良いでしょう。

つまずき04 余分な力が入ってリラックスできない

腕や肩に力が入ると、走り全体が硬くなったり、ぎこちなくなったりします。そうすると、ストライドが狭くなったり、ピッチ（足の回転速度）が遅くなったりして、スピードが低下します。また、余分なエネルギーを使ってしまうため、後半の減速が大きくなります。

解決法 短距離選手の多くは、写真のように手をじゃんけんのパーのように開くか、軽く握って、腕を振っています。手を強く握りしめると、肩にも力が入ってしまいます。走りが硬い、と言われる人は、手に注意しましょう。

つまずき05 後半になると前につんのめりそうになる

後半になると、上体が前に倒れてつんのめるような走りになる人がいます。こうなると、ひざが上がらず、キックした足は後ろに流れてしまいスピードの上がらない走りになります。

解決法 上体を直立に保つように意識すると、ひざが上がりやすくなり、ストライドも広くなります。

COLUMN

運動会必勝法

運動会の徒競走で順位を上げる方法を伝授

オープンレーン（各自に決められたレーンがない）で走る徒競走やリレーでは、よほど走力の差がない限り、コーナーで前を走る人を抜くことはできません。スタートの練習を十分にして、集中してスタートで前に出れば、いつも負けている友達に勝てる可能性もあります。リレーでもバトンをもらったすぐの直線で良いポジションをとれば、レースを有利に展開できます。

No.02 長距離走

長く走る ●対象：小学校1～6年

◆ 正しい長距離走とは？ ◆

スーパーアドバイス → DVD

肩から腕を振ってみよう

肩の力を抜き上体をリラックスさせます。 ひざを上げて走ります。 腕はリズミカルに振ります。 下を向かずに自然に前を見るようにします。

 リラックスしたフォームで走っているか

 最後まで腰を高く保って走っているか

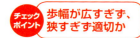 歩幅が広すぎず、狭すぎず適切か

大切なポイント　自分に合ったペースを見つけて、リズミカルに走ることが大切です

ペースの見つけ方

〈練習のしかた〉
- ATペース走（P17）
- 追い抜き走（P17）

リズミカルな走りを身に付ける

〈練習のしかた〉
- クロスカントリー（P16）

| 練習の しかた | 1. 正しく歩いてみよう　　　　　➡P16
2. 気持ちよく走ってみよう　　　➡P16
3. ペースを考えながら走ってみよう　➡P17 |

よくある つまずき ➡P18

長く走る

長距離走

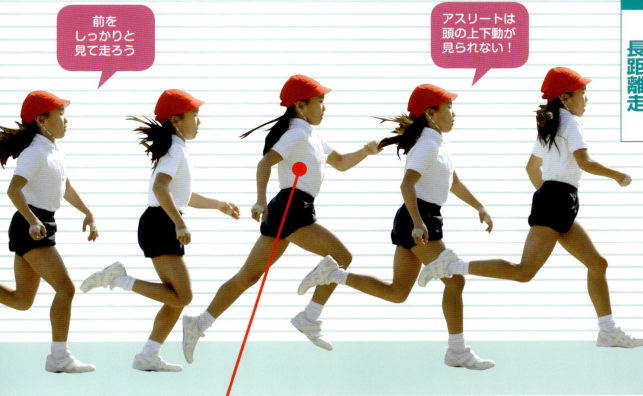

- 前をしっかりと見て走ろう
- アスリートは頭の上下動が見られない！
- 腰が落ちないように気をつけます。
- 地面に着いている足のひざが曲がりすぎないようにします。
- 体の下近くに足を接地させます。
- 腰が引けないようにします。

チェックポイント 上体がほぼ直立を保っているか

チェックポイント 呼吸がリズミカルに行われているか

COLUMN

心拍数の話

　長距離走など持久性の運動では心拍数で運動の強さを知ることができます。試しに、安静にしているとき、歩いた後、ゆっくり走った後、速く走った後などで心拍数を測り、練習を続けて数値が下がれば、持久力がついています。

| 安静時 | | 歩行後 | | 軽走後 | | 急走後 | |

　これから行う運動の強度を決める場合にも心拍数は役立ちます。
　次の式を用いてわかる数値が、効果的な運動の心拍数です。
（220－年齢－安静時心拍数）×（a あるいは b）＋安静時心拍数
a：0.5〜0.6　走るのが得意でない人　b：0.7〜　走るのが得意な人

いくつかな？

◆練習のしかた◆

Step 01 正しく歩いてみよう
〈小学校 低学年〉

歩くことに特別な技術は必要ありませんが、正しい歩行のフォームを身に付ければ、無理なくスピードを高めることができます。
また、正しいフォームで歩くことによって、走るときのフォームも良くなり、速く走ることができるようになります。

●急歩

1分間に60～80mくらいのペースから始めて、慣れてきたら少しずつスピードを上げていきましょう。速く歩くためには、背筋を伸ばし、腕を大きく振り、歩幅を大きくしましょう。

●階段や坂道歩き

階段の上り下りや、上り坂や下り坂、階段を歩くと、いつもとは違う部分に負荷がかかったり、いつもより強く筋肉が働いたりします。強いキックや、リラックスした歩きかたなど、平地を歩くのとは違った体験ができます。

Step 02 気持ちよく走ってみよう
〈小学校 中・高学年〉

友達と競争したり、タイムの短縮をねらってばかりだと、長く走ることはつらいものになりがちです。次のような遊びや練習で、楽しみながら"長く走る"能力を高めていきましょう。

●クロスカントリー

校庭や公園のいろいろな地形を、自分に合ったペースで走ってみましょう。階段、坂道、林の中を走ったり、時には低いベンチなどの障害物や小川などを飛び越えながら楽なペースで走ります。

●"ながら"ジョギング

ただ走るだけではなく、サッカーのドリブルのようにボールをけりながら走ったり、バスケットのドリブルのようにボールをつきながら走ってみましょう。これだと、走るのが苦手な人でも楽しく長い距離を走ることができます。また、走る能力だけでなく、少し疲れた状態でのボールを扱う能力を高めることもできます。

Step 03 ペースを考えながら走ってみよう
〈小学校 中・高学年〉

●ATペース走

ATペース（※P19参照）を見つけて、それを守りながらトラックや校庭を走ってみましょう。ペースが守られているかどうか、友達にタイムを計ってもらいながら走ります。速すぎる場合にはスピードダウン、遅すぎれば少しスピードを上げてみましょう。

●追い抜き走

数名で1列になって、気持ちの良いスピードで走ります。いちばん後ろの人は、ペースを少し上げて先頭に上がります。これを繰り返しながら、長く走り続けることで、ペースの変化に対応できる能力を向上させることができます。

No.02 長距離走

◆よくあるつまずきと解決の方法◆

つまずき01 すぐに呼吸が乱れる

解決法1　「2呼2吸（はくはく、すうすう）」「2呼1吸（はくはく、すう）」などの呼吸のリズムを試してみましょう。走りのリズムをつくるのにも役立つことがあります。

解決法2　腕を軽快に振りましょう。腕振りで動き全体のリズムをとることで、呼吸が楽になることがあります。

ハーハー
スー
ハーハー
スー

つまずき02 長距離走の後半になると体が動かなくなる

原因1　前半のペースが速すぎる

解決法　目標のタイムを決めて、それをもとにほぼ均等なペースを作成します。前半ゆっくりだなと感じても、後半も元気よく走ることができて、結果はよくなります。

1000m 目標タイム	通過タイムと1周のタイム				
	200m	400m	600m	800m	1000m
4分30秒	53秒	1分47秒（54秒）	2分41秒（54秒）	3分36秒（55秒）	4分30秒（54秒）
4分50秒	57秒	1分55秒（58秒）	2分53秒（58秒）	3分52秒（59秒）	4分50秒（58秒）

原因2　ムダな力が入っている

解決法　体にムダな力が入っていると、余分なエネルギーを使ってしまい、後半までもたないことがあります。腕を軽快に振り、リズムをとって、リラックスした走りをしてみましょう。軽い上り下りのあるコースを気持ちよく走ることで、リラックスした走りを体感できることもあります。

豆知識　長距離走が苦手な人に！

　持久走では、全力を尽くして、苦しさに克たないと効果を得られないと考えがちです。しかし、**ゆっくりしたペースで走り、酸素をいっぱい吸いこんで、肺、心臓、血管、そして筋肉に多くの酸素を送り続ける**ことで、それぞれの働きは高まっていきます。

　これに適したペースを**ATペース**と言います。ATとは、Anaerobic Threshold（無酸素性作業閾値：右図）のことで、ランニングのスピードを徐々に上げていくときに、有酸素運動から無酸素運動に変わり始める時点を指します。ATあたりのスピードのランニングを続けることで、スタミナ（全身持久力）が高まり、楽に長く走ることができたり、速く走ることができるようになります。

　ATあたりのスピードとは、**友達といっしょに走っていて、少し話しがしにくいくらいのスピード**ですから、それほど苦しくはないはずです。

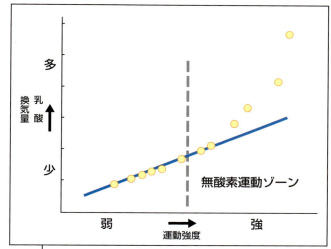

ATに相当するスピードを超えると、筋肉や血液に乳酸がたまり始め、筋肉が動きにくくなるなどの疲れを感じるようになる。乳酸を除去しようと、多量の酸素を吸い、多量の二酸化炭素を吐くので、換気量も連動して増えていく。

「長距離走の科学」や「長距離走の歴史」をご紹介します

COLUMN
駅伝競技の歴史

　駅伝の語源は、大宝律令（701）に駅の制度として定められた「駅馬伝馬」制にあり、このうちの駅と伝をとり駅伝と名付けられました。駅馬伝馬とは、中央政府からの地方への伝達や、逆に地方の情報を中央政府に集めるのに大いに威力を発揮した制度です。馬鈴をもった官人に馬と宿を提供したのが＜駅馬＞、伝符を持つ者に馬を提供したのが＜伝馬＞でした。

　この＜駅伝＞という言葉が競技名（大会名）として使われたのは、大正6年（1917年）の4月27日、京都三条大橋から東京不忍池までの516kmを23区間に分けて行った東海道駅伝徒歩競走でした。その3年後の大正9年には、今では駅伝の代名詞ともなっている東京箱根間往復大学駅伝競走が始められました。第2次世界大戦後には高等学校駅伝が生まれ、その後も、全日本大学駅伝、全日本実業団駅伝など数々の駅伝大会が行われるようになりました。最近では国際化が進み、欧米の諸国でも「Ekiden」という名称で普及しています。

No.03 走り高跳び

高く跳ぶ ●対象：小学校3〜6年

スーパーアドバイス

階段を駆け上がるようなリズムで

◆ 正しい走り高跳びとは？ ◆ → DVD

助走 → 踏み切り準備 → 踏み切り

- リラックスして、徐々にリズムを高めていきます。
- 肩の力を抜いて、大きく腕を振ります。
- 踏み切りの2、3歩前で腰をやや低くしながらリズムを高めます。
- 上体を起こして踏み切りに移ります。

チェックポイント：リラックスしたフォームで助走しているか

チェックポイント：踏み切りに向かってリズムアップしているか

チェックポイント：力強く踏み切っているか

大切なポイント：踏み切り準備から踏み切りまでが大切です

踏み切り前のリズム
踏み切りの前2歩をリズムアップして入ると、力強い踏み切りに移ることができます。タ・タ・ターン、と声を出すとリズムをとりやすくなります。

〈練習のしかた〉
- いろいろな方向・距離から跳ぶ（P23）
- 踏み切り3歩前に板を置く（P25）

力強い踏み切り
踏み切る足だけでなく、振り上げる足、両腕を大きく素早く動かすことが、力強い踏み切りにつながります。

〈練習のしかた〉
- ボールタッチジャンプ（P23）
- 踏み切り3歩前に板を置く（P25）

| 練習の しかた | 1. 跳び上がってみよう ➡P22
2. 助走から踏み切ってみよう ➡P23
3. バーをクリアしてみよう ➡P24 | よくある つまずき ➡P26 | 高く跳ぶ 走り高跳び |

両足を大きく上下にはさむように動かしてバーをクリアしよう

空中フォーム

地面をパーンと強くキックして跳び上がろう

着地

 踏み切る足を強く地面につけると同時に、反対側の足と両腕を力強く引き上げます。

 振り上げ足を高く上げてバーをまたぎます。

 続いてキックした足も高く振り上げ、バーをまたぎます。

 足から安全に着地します。

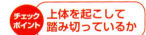 チェックポイント 上体を起こして踏み切っているか

 チェックポイント 空中ではさみのように、上下に大きく両足を交差させているか

豆知識 人間の跳ぶ能力は？

ウサギは体長の約12倍、犬は約3倍上方へジャンプすることができると言われています。人間は？ というと、それらに遠く及びません。走り高跳びでもっとも高いバーをクリアしたJ.ソトマイヨル（キューバ）の記録が2m45cmで、身長の約1.3倍にも達しません。人間は、どうやら高く跳ぶ能力には恵まれていないようです。

◆練習のしかた◆

Step 01 跳び上がってみよう
〈小学校 低学年〉

まずは、地面を強くけって、上に跳ぶ運動を多く経験しましょう。遊びを通して感覚を身に付けるとよいでしょう。

●2人で向かい合ってジャンプ➡タッチ

2人で向かい合い、相手のジャンプに合わせてキックして、いちばん高いところで両手タッチをします。最初はその場で、慣れるにしたがって横歩きから、そしてサイドにステップしながらジャンプしてみましょう。

●台への跳び上がり

朝礼台、跳び箱など適当な高さの台に、軽く助走をつけて跳び乗ります。走りと踏み切りを組み合わせる感覚を身に付けることができます。

●段ボール越え

いろいろな大きさの箱や運動用マットなどを置いて、走ってきて跳び越えます。助走のスピードを上昇のスピードに変えるコツを、楽しみながらつかむことができます。

※段ボール箱や丸めた新聞紙、布きれを詰めた大きなビニール袋などを砂場の前に置いてもできます。

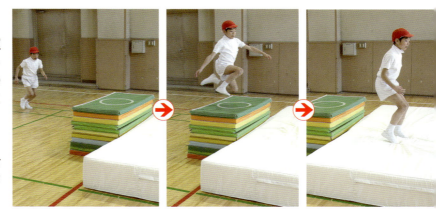

Step 02 助走から踏み切ってみよう

〈小学校 中学年〉

　助走のスピードを効率よく上昇力に変えるためには、踏み切りの準備が大切です。あまりブレーキをかけないで、良い姿勢で踏み切りに移ることができれば、高く跳ぶことができます。

●ボールタッチジャンプ

　思い切りジャンプして、つるされたボールに手でタッチ。または、足を大きく振り上げて足でタッチしてみましょう。その場で両足でジャンプをしたり、助走をつけて片足でジャンプしたり、いろいろ試してみましょう。

●ゴム跳び

　ひざの高さ、腰の高さ、胸の高さなど、いろいろな高さにゴムを張って、軽く助走をつけて跳び越します。踏み切りやすい足を見つけて、助走の長さ、助走の方向、跳び方などを工夫して、高さに挑戦します。
　楽しく遊んでいるうちに、水平のスピードを上方に変える能力が身に付いてきます。

●いろいろな方向・距離から跳ぶ

　跳ぼうとするバー（ゴム）に対して、さまざまな方向から距離を変えて助走をして、踏み切ります。自分に合った助走を見つけるための練習です。

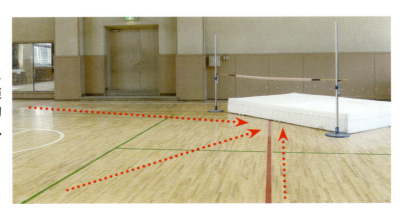

No.03 走り高跳び

Step 03 バーをクリアしてみよう
〈小学校 中・高学年〉

実際にバーやゴムをはさみ跳びで跳んでみましょう。踏み切り板や台を利用して、踏み切り前のリズムを覚えたり、大きなはさみ動作（両足でバーをはさむように跳ぶ）を体験してみましょう。ここにあげる練習と通常の跳躍の練習を並行して行うと効果的です。

● 低い跳び箱を使って踏み切ってみよう

いちばん低い跳び箱を踏み切り地点に置きます。短めの助走（3〜5歩）から台を力強くキックして跳び上がり、大きな動作でバーを跳び越します。大きな空間動作を身に付ける練習です。

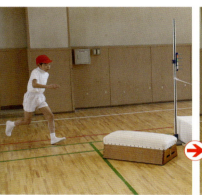  

COLUMN

ジャンプの科学①

腰に手を当てて真上に跳び上がった場合と、思い切り両腕を振り込みながら跳び上がった場合では、明らかに後者のほうが高く跳び上がることができます。走り高跳びの選手やバレーボール選手がジャンプする前の腕の動作をじっくりと見てみましょう。腕を力強く使っているのが印象的です。これは、腕の振り込みを利用することでキック力が増すからです。下図は、腕の利用によりジャンプの高さがどのように変化するかを示したものです。

（金原勇ら　1964）

両腕の振り込みをうまく利用したバレーボールの選手のジャンプ

高く跳ぶ　走り高跳び

●踏み切りに板を置く

「踏み切り板」を踏み切り地点に置きます。短めの助走（3〜5歩）から板を力強くキックして跳び上がり、大きな動作でバーを跳び越します。大きな空間動作を身に付ける練習です。

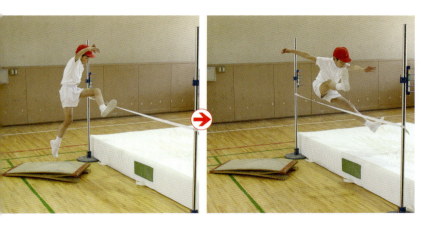

●踏み切り3歩前に板を置く

2歩ないし4歩走ってから踏み切り板を踏み切り足で踏んで、3歩走ってから跳びます。踏み切り前の3歩の軽快なリズムを覚えるための練習です。最後の3歩ではリズムが落ちないように気を付けます。

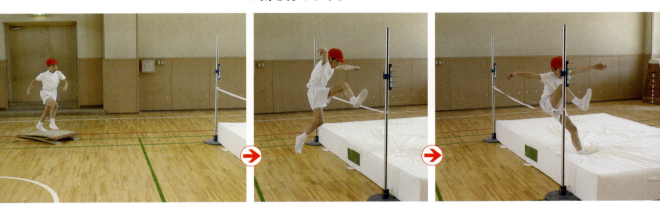

COLUMN

ジャンプの科学②

ひざを曲げて静止した姿勢から思い切り上方に跳び上がったときと、立った姿勢から足の反動動作をつけて跳び上がったときで、どちらが高く跳び上がれるか試してみましょう。反動を利用したジャンプのほうが、地面を強くキックすることができ、高く跳び上がれる（右の図）ことに気づくでしょう。

これは、筋肉と腱は急激に引き伸ばされると伸張効果が生じて、縮もうとするエネルギーを発生するからです。このエネルギーを大きくして、ジャンプ力に効率よく換えるためには、反動動作を上手に行うことが条件となります。

反動動作のスピードや腰、ひざなどの曲げ具合によって、その効果は変わってきます。いろいろな反動動作を試してみましょう。

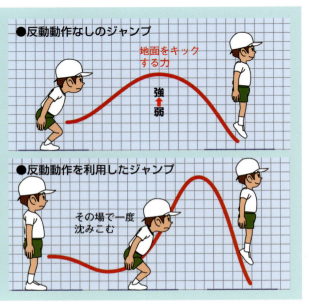

25

◆よくあるつまずきと解決の方法◆

つまずき01　足が合わない

足を合わせるために、最後の数歩が大またになったり、ちょこちょこ走りになると助走スピードが落ちてしまいます。また、バーの真上に跳躍の頂点がこないと、高く跳び上がることができても、バーをクリアすることはできません。

原因 毎回スタートする位置や走り始めに出す足が異なる

解決法 まずは1歩ごとに、助走の足が接地しそうな地点にヒモで作った輪などを置きます。それを目安に助走練習をしながら、スタートする位置を決めます。スタート位置には目印を置くようにします。

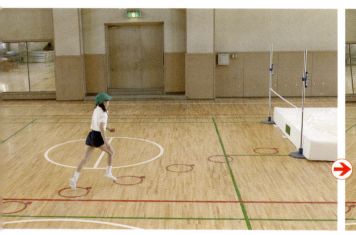
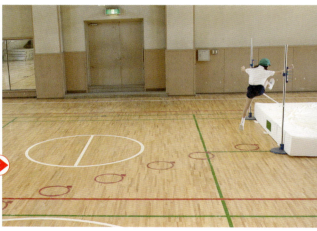

つまずき02　踏み切り前に助走のリズムが遅くなる

原因 リズムアップするきっかけがつかめない

解決法 踏み切りの3歩前に板を置く練習（P25）を行ってみましょう。踏み切り板を踏んだ次の歩からリズムアップするようなイメージを持ちます。

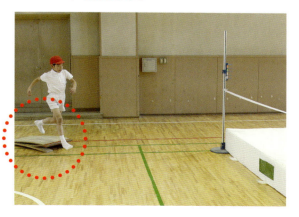

原因 バーが怖い

解決法 バーに手足をぶつけると痛いと嫌がる子、バーがあるだけで恐怖心がわくという子もいます。ゴム跳びから始め、ゴムひもを使った走り高跳びへと移っていくとよいでしょう。

ゴム跳びなら安心

つまずき03 強く踏み切れない

原因 助走のスピードが合ってない

解決法 助走が速ければ、強く地面をキックすることが難しくなります。力強く踏み切れない子は、短めの助走（少ない歩数）で余裕を持って踏み切りに移るようにするとよいでしょう。余裕ができたら、振り上げ足や腕の動きを素早く行うような意識を持ちます。

短めの助走で

高く跳ぶ　走り高跳び

 つまずき04 空中動作が小さい

原因1 柔軟性が不足している

解決法 踏み足を素早く高く振り上げるためには、股関節の柔軟性が必要になってきます。これは、右の写真のように、並べられたハードルの横を歩きながら、足を高く上げて、ハードルを越えていく練習で高めることができます。

 原因2 足を振り上げて、はさむ感覚（上下にはさむように動かす感覚）がわからない

解決法 まずは、踏み切り地点に跳び箱を置いて、高く跳び上がり、ゆっくり跳び越せるようにして、両足を大きく動かすようにします。続いて、跳び箱の代わりに踏み切り板を置き、同じように跳んでみます。このようにして、動きの感覚を体験させることが大切です。

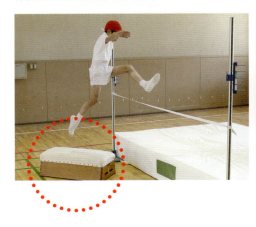
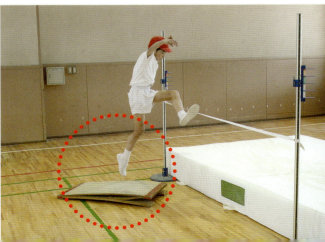

No.04 走り幅跳び

遠くへ跳ぶ　●対象：小学校3～6年

斜め上の遠くの景色を見ながら踏み切ろう

◆正しい走り幅跳びとは？◆ → DVD

スーパーアドバイス
アスリートは踏み切りに向かってリズムが速くなっているよ！

階段を駆け上がるようなリズムで！

アスリートは両足をはさみのように素早く前後に動かしているよ

自然に体を起こしていきます。力まずリズムを上げます。	ひざを上げて走ります。肩の力を抜きます。	踏み切りの1、2歩前で腰をやや沈めます。	最後の1歩を素早く出します。	ひざが曲がりすぎないようにします。踏み切りと反対側の足と両肩を力強く引き上げます。

チェックポイント：リラックスしたフォームで助走しているか

チェックポイント：踏み切りに向かってリズムを速めているか

チェックポイント：力強く踏み切っているか

大切なポイント　助走から踏み切り準備までの部分が大切です

リラックスした助走
　手や肩の力を抜いてリラックスしましょう。のびのびと走ることが踏み切り前の良いリズムやフォームにつながります。

〈練習のしかた〉
●大きな歩幅の連続ジャンプ（バウンディング）　（P32）
●自分に合った助走距離での助走練習　（P33）

踏み切り前のリズム
　踏み切り前の2歩を輪踏み幅跳び（31ページ）のように「**長め→短め**」の歩幅で走ると、良いリズムが生まれます。このリズムは、力強い踏み切り動作につながります。

〈練習のしかた〉
●ハードルリズムジャンプ　（P31）
●輪踏み幅跳び　（P31）

| 練習のしかた | 1. 踏み切ることに慣れよう ➡P30
2. 踏み切りの前のリズムアップを身に付けよう ➡P31
3. 必要な力を身に付けよう ➡P32 | よくあるつまずき ➡P33 |

走り幅跳び — 遠くへ跳ぶ

両ひざを自分の胸にぶつけるように引き上げよう

 振り上げた足を大きく引き上げます。

 上体を起こします。

 踏み切った足を前に出して両足をそろえて、着地に移ります。

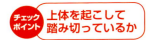 上体を起こして踏み切っているか

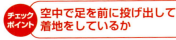 空中で足を前に投げ出して着地をしているか

COLUMN

走るのが遅くても、速い人より遠くへ跳べる！

助走のスピードは跳躍距離に強い影響を及ぼします。右のグラフからは、スピードの速い子は記録が良いことがわかります。しかし、同じ毎秒6mくらいの子でも、走り幅跳びの記録は、2.5〜3.5mと差があります。すなわちこれは、走るのがあまり得意ではない子でも、踏み切りや着地をうまく行うことで、距離を伸ばすことができるということです。

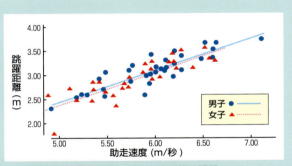

走り幅跳びにおける助走スピードと記録の関係（小学校5年生の男女）

◆練習のしかた◆

Step 01 踏み切ることに慣れよう
〈小学校 低学年〉

走ってきて、片側の足で力強く踏み切ることは思ったより難しいことです。両足で踏み切ってしまったり、足を置くだけの弱い踏み切りになってしまい、遠くへ跳ぶことができません。また、踏み切りやすいほうの足を見つけることも大切になってきます。次の２つの練習をやってみましょう。

●川はば跳び

地面に川のような２本のラインを引きます。軽い助走をつけて、いろいろな幅の川を跳び越えましょう。走りと助走のつなぎ方を身に付けたり、踏み切りやすいほうの足を見つけることができます。

自分の跳べそうなところを跳んでみよう

●ビニール袋越え

いろいろな大きさの段ボール箱や、丸めた新聞紙や布きれを詰めた大きなビニール袋を砂場に置いて、走ってきて跳び越えます。

高くジャンプしよう！

Step 02 踏み切りの前のリズムアップを身に付けよう

〈小学校 中・高学年〉

走り幅跳びでは、踏み切り前の2〜3歩でリズムを速めることが良い踏み切りの姿勢につながってきます。小学校期は体にリズムを覚えさせるのに適した時期です。

次の2つの練習をやってみましょう。

●ハードルリズムジャンプ

高さ20cm程度のミニハードルや小さな段ボール箱を、3歩か5歩で走れる間隔に5個くらい置きます。ハードル間をリズミカルに走って、ハードル前で走り幅跳びのイメージで〝ぽーん〟と踏み切ります。いろいろな間隔で試してみて、いろいろなリズムを体験しましょう。

リズムよく走ろう！

●輪踏み幅跳び

ヒモで作った輪を踏み切り前の3歩に置いて、それを踏みながら踏み切りに移ります。最後の2歩は、〝長め→短め〟が一般的ですが、いろいろ試してみて、合うものを見つけるとよいでしょう。

COLUMN

体重が重い子、脚力が弱い子は、短い助走が向いている

グラフは、体重あたりの脚力で分けた3つのグループが、15m以内（短助走）、20m以上（全助走）の助走から跳んだ記録です。

女子で脚力の弱い子は、15m以内の助走のほうが記録の良いことがわかります。自分に合った助走距離を見つけるだけで記録が伸びることがあります。

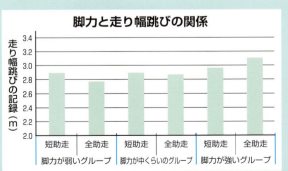

脚力別グループでの助走距離と跳躍記録との関係
（小学校5年生の女子）

遠くへ跳ぶ　走り幅跳び

No.04 走り幅跳び

Step 03 必要な力を身に付けよう
〈小学校 中・高学年〉

●いろいろな幅の輪跳び

地面に、いろいろな間隔で輪を10個程度置きます。それらをリズミカルに、連続して跳んでいきます。ジャンプ力、巧緻性などを高めます。

●大きな歩幅の連続ジャンプ（バウンディング）

短距離を走るときよりも地面をしっかりとキックして、大きな歩幅で連続して跳びます。5～10歩くらい続けるのが適当です。地面を力強くキックする能力を高めます。

●両足連続ジャンプ

低いハードル（20～40cm）を両足で踏み切って連続して跳びます。5～8台を0.8～1.2m間隔で並べます。両腕でバランスをとりながら、素早く地面をキックします。地面を素早くキックするための能力を高めます。

◆よくあるつまずきと解決の方法◆

つまずき01　足が合わない

踏み切り線を越えて踏み切るとファールになります。また、記録は踏み切り線から着地位置までの距離を測るので、線の後方で踏み切るほど損をします。足を合わせるための、最後の数歩が大またになったり、ちょこちょこ走りになると助走スピードが落ちてしまいます。

原因1　毎回スタートする位置や走り始めに出す足が異なる場合

解決法　踏み切り線に足を合わせて、砂場と反対側に助走のつもりで走ります。決めた歩数の足が着く地点を友達に見てもらいます。その地点に足を置いて助走を始めると良いでしょう。

○歩で踏み切る

○歩目で踏み切ったよ

原因2　助走の走り始めが安定しない

解決法　踏み切りで足が合わない原因は、助走の走り始めにあることが多いようです。助走開始後の4歩か5歩目あたりにマークを置いて、それに足が合うように助走します。

歩幅を合わせよう

遠くへ跳ぶ　走り幅跳び

◆よくあるつまずきと解決の方法◆

つまずき02　低空飛行になる

　小学生であれば、15〜20度くらいの角度で跳び出すのが適当です。低空飛行すぎると、すぐに砂場につきささったり、着地の姿勢がとれないために、距離が伸びません。

原因1　助走のスピードが合ってない

解決法　スピードが速すぎると、踏み切りでしっかりと地面をキックすることができません。自分に合った助走の距離を見つけるようにしましょう。

原因2　踏み切りで上体が前に傾きすぎる

解決法　踏み切り前に踏み切り板をじっと見ていると、体が前に倒れてしまい、高く跳び上がることができません。砂場の先の、遠くの山や建物などを見ながら踏み切りに移りましょう。

ここからスタートしてみよう

つまずき03　着地で足が前に出せない

　小学生、特に女子は着地で足を前に振り出すことができない子が多いようです。着地で足を前に出すだけでも記録がぐーんと良くなります。

原因1　足を前に出す感覚がわからない

解決法　まずは、立ち幅跳びで足を前に投げ出す練習をしてみましょう。自分が跳べる距離よりも少し遠めにゴムひもを張ります。着地で足を投げ出して、ゴムの向こう側に着地をするようにします。次は5歩程度の助走から踏み切り、同じことを試してみましょう。

原因2 自分に合った空中フォームがとれない

解決法

空中フォームは、空中での前回りの回転（踏み切りで生まれる、前に倒れるような回転力）を消して、うまく着地をする効果があります。跳び箱で用いる踏み板（バネの無い）の上で踏み切りを行い、高く跳んで、余裕を持って空中フォームを練習してみましょう。踏み切りで上体を前に倒さず直立に保ち、踏み切りの反対側の足を素早く引き上げることも前回りの回転を消し、着地に向けて足を前に投げ出す動きを助けます。

遠くへ跳ぶ　走り幅跳び

 →  →

COLUMN

遠くまで跳べることの意味

「助走の勢いを生かして力強く跳ぶ」という運動は多くのスポーツで見られます。バレーボールのスパイクやブロック、バスケットボールやハンドボールのシュート、サッカーのヘディング、フィギュアスケートのジャンプなどがそうです。そして、遠くへ跳ぶことが求められる最たる種目が走り幅跳びです。

走り幅跳びでは、助走から踏み切りに移る部分でリズムを変化させることが求められます。これによって、水平スピードをうまく上昇力に換えることができます。このようなリズムの変化は、先にあげたさまざまなジャンプにも求められます。

また、短い時間で地面を強くキックする能力も高まるため、さまざまなスポーツに必要な体力（瞬発力）を高める運動にもなります。

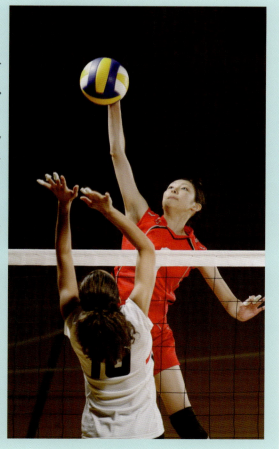

No. 05 前や後ろへ回る　●対象：小学校1～6年
前回り

◆ 正しい前回りとは？ ◆

スーパーアドバイス

ここでひざを伸ばしてみよう

前を見て、回転の準備をします。　→　頭の後ろをマットにつけます。　→　ゆっくりと大きな動きで回ります。

 チェックポイント　腰を上げながら回り始めているか

 チェックポイント　腕と後頭部で体を支えられているか

大切なポイント　大きな前回りで回ってみましょう

スタートのときに姿勢をチェックします

　小さく丸まったままでは、回る勢いも少なく起き上がりにくい前回りになります。
　腕と頭の後ろで体を支えながら大きな動きで前に回りましょう。

NG

OK

前や後ろへ回る　　前回り

練習のしかた
1. 前後にゆれてみよう　　　　　　　　➡P38
2. いろいろな動きから回ってみよう　　➡P38
3. いろいろな場所で回ってみよう　　　➡P38

よくあるつまずき ➡P39

- 大きく回ってみよう
- 両手を前に出すと起き上がりやすいよ
- ひざを曲げて起き上がろう

ひざを曲げて、勢いよく起き上がります。

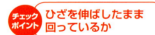
チェックポイント ひざを伸ばしたまま回っているか

チェックポイント ひざを曲げ、頭を起こして起き上がる準備をしているか

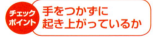
チェックポイント 手をつかずに起き上がっているか

「前回り」「大きな前回り」の発展形もやってみる

開脚前転
起き上がるときに両手でしっかりとマットを押す

跳び前転
両手で体を支えながら回る

倒立前転
体を伸ばしたまま回り始める

◆練習のしかた◆

Step 01 前後にゆれてみよう
〈小学校 低学年〉

●ゆりかご

●アンテナ

前後にゆっくりとゆれてみましょう。腰、背中、頭の後ろが順番につくことを意識します。

頭の後ろと肩で支え、逆さになります。大きな動きに必要な姿勢です。

Step 02 いろいろな動きから回ってみよう
〈小学校 低・中学年〉

●手足走りから前転

●うさぎ跳びから前転

●手押し車から前転

片足踏み切り、両足踏み切り、両手支持からなど、いろいろな運動に続けて、両手で体を支えながら回ってみます。痛くないように、安全に回ってみましょう。

Step 03 いろいろな場所で回ってみよう
〈小学校 低・中学年〉

●高いところに前転

腰を高く！

●高いところから前転

両手でしっかりと支えて

●坂道で前転

上り坂でも挑戦！

◆よくあるつまずきと解決の方法◆

つまずき01　うまく起き上がれない

　スムーズに次の運動に続けるためには、起き上がりが大切になります。両手を後ろについて起き上がったり、ひざを伸ばしたままで起き上がれなかったりすると運動の流れが途切れてしまいます。

解決法　「ゆりかご」で起き上がりを練習してみましょう。ポイントは、起き上がるギリギリのところでひざを曲げること、両手を前に出すことです。

ゆりかごから
ひざを曲げて
手を伸ばそう！

起き上がるところを1段低くすると起き上がりやすくなります。

つまずき02　背中が痛い

　前回りの失敗で嫌なことは痛い思いをすることです。下のように、頭の上の部分で支えて逆さになってしまうことが原因です。背中がまっすぐになっていて、四角い箱が回るようですね。

前を見よう！

バタン!!

解決法　丸く回るための準備として、回る前に前を見てみましょう。そこから頭を両手の間に入れて頭の後ろをマットにつけるようにします。

前や後ろへ回る　前回り

No. 06 後ろ回り

前や後ろへ回る　●対象：小学校1〜6年

◆正しい後ろ回りとは？◆

スーパーアドバイス：少しだけお尻を遠くにつけると回る勢いがつくよ

両手はマットにつく準備

回る準備をします。両手は耳の横に。 ちょっとだけお尻を後ろについて、回り始めます。 回りながら、両手をマットにつく準備をします。

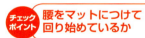 チェックポイント：腰をマットにつけて回り始めているか

 チェックポイント：両手をマットにつく準備ができているか

大切なポイント：腰を高く上げ、両手でマットを押します

腰を高く上げよう

後ろに回る経験が少ないと、腰を顔の上まで高くすることがうまくいかないものです。

体を前後にゆらすゆりかごから、逆さの姿勢になってみましょう。

| 練習の しかた | 1. 前後にゆれてみよう　　　　　　　　→P42
2. 回りやすい場所で回ってみよう　　　→P42
3. 動きを発展させてみよう　　　　　　→P42 |

よくある つまずき →P43

前や後ろへ回る　**後ろ回り**

「腰が高くなるようにして足を頭の上のほうに！」

「しっかりと両手でマットを押すのがいちばんのポイント！」

両手をマットにつけて、しっかりと押しましょう。

しゃがんだ姿勢で起き上がります。

チェックポイント 腰を高く足が頭の上にくるようにしているか

チェックポイント 起き上がるまで、両手でしっかりとマットを押しているか

両手でしっかりとマットを押そう

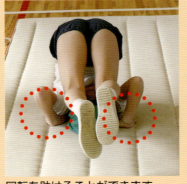

両手でマットを押すことによって、回転を助けることができます。左右同じように押さないとまっすぐに回転できません。

足を開く後ろ回りも、手の押しで起き上がることができます。

◆練習のしかた◆

Step 01 前後にゆれてみよう
〈小学校 低学年〉

●ゆりかごで両手つき

●最初から手の準備を

回る練習の第1段階は、前回りと同様にゆりかごです。そのときに、両手を耳の横につくことも練習します。

両手は回り始めるときから準備をしておきます。

Step 02 回りやすい場所で回ってみよう
〈小学校 低・中学年〉

●坂道で回る

●頭がつくところを低くして回る

坂道は回ることを楽にしてくれます。腰を高く、両手でしっかりと押しましょう。

回転をじゃまするのは頭です。そこで、頭がつくところを低くして練習してみましょう。

Step 03 動きを発展させてみよう
〈小学校 中・高学年〉

●開脚で回る

●足を閉じて回る

起き上がる直前に伸ばした足を開きます。

足を閉じた回転。両手の押しがとても大切です。

◆よくあるつまずきと解決の方法◆

前や後ろへ回る　後ろ回り

つまずき01　勢いがつかない

丸まったままでいる

体を丸くすることは大切ですが、小さく丸まったままでは勢いはつきません。腰やひざを伸ばして大きな丸を描くように回ってみましょう。

解決法　腰を後ろにずらしてつく。

勢いをつける解決の方法の1つが、いつもよりお尻を後ろにずらしてつくことです。

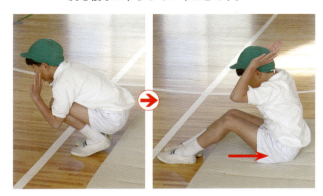

解決法　補助で回ってみよう。

腕でマットを押して後方に回転する方法として、他の人の補助があります。上手な補助があると気持ちよく回転できます。そのときに、両手の押しを意識するようにしましょう。補助する人は右のように、両手で腰を持ち上げるように押します。

後ろから前に押すと、首を痛める原因になります。

つまずき02　まっすぐに回れない

両手がうまくつけていない

まっすぐに回れない人もいます。両手のつき・押しが原因です。

解決法　ゆりかごで両手をきちんとつく。

ゆりかごでの両手つき（P42）が解決の方法になります。ゆりかごで手をつくことを2〜3回繰り返してから、後ろ回りに挑戦してみましょう。

手つきの練習をしよう！

43

No.07 逆立ちになる ●対象：小学校1〜6年

1.壁逆立ち

◆正しい壁逆立ちとは？◆

スーパーアドバイス

- 背中をまっすぐ伸ばして、腕を高く
- 勢いよく足を振り上げよう
- お尻に力を入れて背中とおなかを引きしめよう
- 頭を起こして手と手の間を見続ける
- 手はパー、ひじはまっすぐ伸ばそう

けり足を軽く前上方に持ち上げ、両腕は高く引き上げます。

 腕と上体を振り下ろしながら、足を勢いよく振り上げます。そのとき、頭は起こし、目は手と手の間を見続けるようにします。

 両手は壁から20〜30cm離して、肩幅に開いてつきます。指は開いて「パー」にします。背中とおなかに力を入れ体を締めて、壁に足をつけます。手の上に肩、肩の上に腰、腰の上に足を乗せて、体とひじをまっすぐ伸ばして逆立ちします。

チェックポイント 運動を始めるときに、背中を伸ばし、手をしっかり上に振り上げているか

チェックポイント 両手を肩幅についているか。手をパーにしてついているか

チェックポイント 怖がらずに勢いよく足を振り上げているか

チェックポイント 背中やおなかに力を入れ、体をまっすぐ伸ばしているか

チェックポイント 頭を起こして、床をしっかり見ているか

チェックポイント ひじをしっかり伸ばしているか

| 練習の しかた | 1. 逆立ちに必要な感覚を身に付けよう ➡P46
2. やさしいステップで ➡P48 |

よくある つまずき ➡P49

逆立ちになろう　壁逆立ち

大切なポイント　足の振り上げと逆立ちしたときの姿勢が大事

足の振り上げがポイント

足を勢いよく振り上げることによって逆立ちになれます。そのためには、上体の倒しとともに足を振り上げることがポイントです。

〈練習のしかた〉
●落差を利用して壁逆立ち　（P48）

手と手の間を見続けることがポイント

手をついたとき、頭を起こし、手と手の間を見ていることがポイントです。上体を倒すときに頭がおなかのほうに向いてしまうと、体が丸くなってしまい逆立ちにはなりません。逆立ちができない原因はこれが多いのです。

〈練習のしかた〉
●目玉の絵（P49）を使って、壁逆立ち

背中・おなか・お尻を締めることがポイント

背中・おなかやお尻に力を入れ体を締めることが大切です。体が締まっていなければ、足を振り上げる勢いがつかなかったり、逆立ちになっても不安定になります。

〈練習のしかた〉
●コンパスや手押し車で体を引き締める練習　（P46）

COLUMN

◇体育の教養◇

たかが逆立ち、されど逆立ち

逆立ちの歴史は非常に古く、**古代エジプトやギリシアの**壁画や瓶画には軽業師によって演じられているさまざまな逆立ちが描かれています。元来、逆立ちは子どもたちの遊びとして行われていたものと想像されますが、いつの頃からか宗教的な呪術的意味を持って行われるようになり、後に、見せ物として軽業師によってさまざまな逆立ちが開発されていきました。現代では体操競技のいろいろな種目の中で、また、学校体育の器械運動の教材として逆立ちが行われていますが、基本的に逆立ちは実生活に直接意味を持つ運動ではありません。ではなぜ、**学校体育の教材として、すべての子どもたちが逆立ちを学習しなければならないのでしょうか。**

1つは、器械運動の学習の基礎・基本と考えられているためです。器械運動は、子どもたちの身体能力の発達に重要な意義を持つ運動として、重要な教材に位置づけられていますが、この器械運動のさまざまな技を習得するには、**天地が逆さまになったときに自由に体を操作できる感覚が身に付いていなければなりません。**このような意味で逆立ちはもっとも大切な技であると考えられているのです。

もう1つは、生涯スポーツの時代においては、多様なスポーツを享受できる身体能力を身に付けておくことが大切ですが、逆立ちはそのためにもっとも重要な運動の1つです。サッカー、バレーボール、バドミントン、柔道、等々、多くの運動では回転したり、転倒したりするケースがしばしば生じますが、**逆さまになる感覚が身に付いていれば、事故を回避できます。**また、逆さになることの恐怖から解放されていると、大胆な行動がとれます。そのため、さまざまなスポーツの基礎練習に逆立ちが取り入れられているのです。

◆練習のしかた◆

Step 01 逆立ちに必要な感覚を身に付けよう
〈小学校 低・中学年〉

逆立ちという簡単な運動でも、基礎になる感覚が身に付いていなければ、怖くて身がすくんでしまい、逆立ちになることができません。特に、①逆さまになる感覚、②自分の体を腕で支える感覚、③体を引き締める感覚、が必要になります。

●腕で支える、体を引き締める感覚を身に付けよう

手足走り
手で支え、足の裏でけってスピーディーに走ります。

なるべく早く走ってみよう

コンパス
背腹やお尻に力を入れ、体をまっすぐにして手で支えて、右方向や左方向に回ります。

手押し車
両足を相手の腰の位置で支えてもらい、体を締めて両手で歩きましょう。できれば、両足を肩の位置でかついでもらって歩いてみましょう。

しっかり腕で支えよう

おなかに力を入れて、体が一直線になるように

カエルの足打ち
両手でしっかり体を支え、足をけって腰の位置を高く保って、両足を打ち付けてみましょう。何回足を打つことができるか挑戦しましょう。

何回両足打ちができるかな

●逆さになる感覚を身に付けよう

登り棒や鉄棒での足抜き回り

登り棒や鉄棒を使って、足抜き回りをしてみよう。ジャングルジムを使ってもできます。慣れれば、できるだけスピーディーにやってみよう。

逆立ちになろう　壁逆立ち

鉄棒でのコウモリ立ち

鉄棒やジャングルジムで、両ひざをかけて逆立ちしてみよう。怖ければ大人が補助をしてあげましょう。

ブリッジ

仰向けに寝ころんだ姿勢から両手・両足で体を支えて、頭を起こし、体を反らせてブリッジの姿勢になります。

ブリッジ片足上げ・ブリッジ歩行

ブリッジの姿勢で片足を上げてみよう。
ブリッジの姿勢で、前・後に歩いてみよう。

なるべく体を反らせよう

47

No. 07 壁逆立ち

Step 02 やさしいステップで
〈小学校 低・中学年〉

● 壁登り逆立ち

壁に足をつけ、足で登って逆立ちになります。背中とおなかに力を入れて力強く登りましょう。

● 重ねマットでの手つき逆立ち

重ねマットで落差を利用し、床に両手をついて、足を振り上げて逆立ちになります。はじめは補助者に足を支えてもらうとよいでしょう。

● 補助付き逆立ち

補助者に横に立ってもらい、足を支えてもらって逆立ちしましょう。

● できるようになったら、こんな逆立ちに挑戦しよう

片手壁倒立

足を大きく開き、支えている手のほうにゆっくり体重を乗せるようにします。

支えているほうの手に体重が乗っているかな

壁倒立1回回り

支えとなる手のほうに体重を乗せるようにして、もう一方の手を少しずつ移動させて回転します。足はしっかり壁につけておきます。

◆よくあるつまずきと解決の方法◆

つまずき01 頭が起こせず、腰が曲がってしまい、逆立ち姿勢になれない

解決法
手と手の間に目玉の絵（左図）を置き、この目玉から目を離さないようにして練習しましょう。

大きな目玉を紙にかいて切り抜いたもの。

つまずき02 足の振り上げが弱く、逆立ち姿勢になれない

解決法
逆さまになることに怖さがあるために足が強く振り上げられないようです。登り棒での足抜き回りや壁登り逆立ちを練習しましょう。また、跳び箱の上に乗った姿勢から補助付きで練習すれば、足の振り上げが簡単にできるでしょう。

つまずき03 背腹に力が入らず、逆立ち姿勢が不安定になる

解決法
体を引き締める感覚を身に付けましょう。ステップ01の手足走り、カエルの足打ちなどを練習するとよいでしょう。

つまずき04 逆立ち姿勢で腕でしっかり支えられない

解決法
頭がおなかへ向いてしまうと手で支えることができません。つまずき01と同様に目玉の絵を置いて練習しましょう。

逆立ちになろう　壁逆立ち

No. 07 逆立ちになる
2. 側方倒立回転

●対象：小学校1～6年

◆正しい側方倒立回転とは？◆

スーパーアドバイス

- 逆立ちするときと同じように体は進行方向に向けよう
- 股関節を180度広げるつもりで足を勢いよく振り上げます
- イチ（手）・ニー（手）・サン（足）・シー（足）のリズムで回転しよう
- しっかりマットを見よう

壁逆立ちをするときのように、進行方向に体を向け、腕を上げて、足（けり足）をかるく持ち上げます。

 上体を倒すとともに、足を勢いよく振り上げ、強くけります。

 はじめに持ち上げた「けり足」（写真では左足）と同じほうの手（左手）をまず着手します。先についた手から後でついた手に体の重心を移していきます。

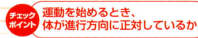 **チェックポイント** 運動を始めるとき、体が進行方向に正対しているか

 チェックポイント 上体の下降運動に合わせて足を強く振り上げ、けっているか

★はじめから体を真横にして、そのまま側方（横）に回転させようとする子どもが多いようです。しかしこの方法では回転力を生み出す上で効率が悪く、また目線が定まらず不安定な動きになりがちです。

★側方倒立回転の回転力は足の振り上げとけりによって生み出されます。勢いのある回転力を生み出すには、上体の倒しとともに足を振り上げることが重要です。

| 練習のしかた | 1. 逆立ちで側方倒立回転に必要な感覚を身に付けよう ➡P52
2. やさしいステップで ➡P53 | よくあるつまずき ➡P55 | 逆立ちになろう 側方倒立回転 |

足をもっと大きく広げるつもりで

マットを見続けよう

手を押し続けよう

ひざを曲げて着地します

 このとき、手の上に肩、肩の上に腰、腰の上に足がくるようにして、まっすぐ伸びた逆さ姿勢になります。頭を起こしてマットを見続けるようにします。

 最後までマットを見るようにして、足を曲げて「振り上げた足」から着地します。

 チェックポイント 腰が伸び、足が伸びて、倒立姿勢になっているか。また、このとき、頭を起こしてマットを見ているか

★足の振り上げやけりが弱ければ、倒立姿勢になることができません。同様に、頭を起こしてマットを見ていなければ、やはり倒立姿勢になることはできません。

 チェックポイント 最後まで手を押し続けているか。最後までマットを見続けているか

★足を振り上げる勢いを利用して回転しますが、先についた手(第1手)から後でついた手(第2手)に体重を移すとともに、第2手を最後まで強く押し続けることが重要です。同様に、目線は最後までマットに残しておくことも大切です。

大切なポイント 次の4つがポイントです

①体を正対させ、上体を前へ倒すのに合わせて、足を勢いよく振り上げ、力強くけり上げることがポイントです。

〈練習のしかた〉
●壁逆立ちが余裕を持ってできるようになろう。
●その場でホップしてから壁逆立ちができるようになろう。

②両手を着いたとき、頭を起こしてマットをしっかり見て、体をまっすぐ伸ばして倒立姿勢になることがポイントです。

〈練習のしかた〉
●目玉の絵（P49）を利用して、壁逆立ちを繰り返し練習しましょう。

③第2手（後からついた手）を力強く押し続け、マットを見続けることがポイントです。

〈練習のしかた〉
●壁逆立ちで大きく足を開いて、側方に回転し両足立ちになる練習（P53）が効果的でしょう。このときに、手を押しマットを見続けることを意識して練習しましょう。

④手・手・足・足の順に接地していきますが、このタイミングをイチ・ニー・サン・シーのリズムで覚えるとよいでしょう。

◆練習のしかた◆

Step 01 逆立ちで側方倒立回転に必要な感覚を身に付けよう
〈小学校 低・中学年〉

　　側方倒立回転は、基本的に勢いのある逆立ちです。倒立が安定してできるようになると側方倒立回転もできるようになります。「壁逆立ち」を繰り返し練習しましょう。

●壁逆立ち

壁に向かって、足の勢いのある振り上げと強いけりを意識して逆立ちになりましょう。

●壁逆立ちから側方立ち

壁逆立ちで大きく足を開いて、足（例えば右足）を側方にずらしていき、同じほうの腕（右）を強く押して側方立ちになります。

逆立ちになろう　側方倒立回転

Step 02 やさしいステップで
〈小学校 低・中学年〉

●川跳び側転

マットの外に両足をそろえてしゃがみ立ちになり、両足で強く腰を跳ね上げて両手を側方に着き、反対側のマットの外に体を運びます。

●跳び箱や低い台を使って側方倒立回転

低い台を利用すると着手点をしっかり見ることができ、また頭があまり下がらないため、怖がらずに側方倒立回転ができます。

No. 07 側方倒立回転

●落差を利用して側方倒立回転

高いマットから低いマットに側方倒立回転を行います。着手点に目玉の絵（P49）を置いて練習するとよいでしょう。落差があるので余裕を持って立つことができます。

●ゴムひもを使って側方倒立回転

右の写真のようにゴムひもを持ってもらいます。ゴムの高さは、立った姿勢で手を上げ手首の位置くらいにします。はじめは少し低い位置くらいにするとよいでしょう。足の先にゴムがあたるように体を伸ばすように努めます。

●30cm幅の中で側方倒立回転

マットの上に30cm幅のラインテープを貼り、この中で手や足をはみ出さないで側方倒立回転ができるかどうか挑戦しましょう。

はみ出さないでできれば完成です

◆よくあるつまずきと解決の方法◆

つまずき01 踏み出した足と反対の手を先に出してしまい、倒れこんでしまう

解決法
立った姿勢からの壁逆立ちで、どちらの足を先に踏み出したほうがやりやすいのか確かめましょう。先に踏み出した足（例えば左足）と同じ側の手（左手）を先に着手するのです。

つまずき02 腰が高く上がらず倒立姿勢になれない

着手したとき頭がおなかに向いてしまい、マットを見ていない。これでは強く足を振り上げられず腰を高く引き上げることができません。そればかりか、倒れこんでしまう場合もあります。

解決法
目玉の絵（P49）を使って、立った姿勢から壁逆立ちを練習。また跳び箱を使って、側方倒立回転を練習しましょう。

つまずき03
手が直線上につけず、外にずれてしまう

解決法 原因は倒立が安定してできないためです。壁逆立ちを繰り返し練習しましょう。

つまずき05
回転力が途中で崩壊してしまう

解決法 足の振り上げやけりが弱いため、回転が途中で止まってしまうのです。立った姿勢から勢いのある壁逆立ちを練習し、壁逆立ちで大きく足を開き、体重を移して側方立ちになる練習（P53）をしましょう。

つまずき04
手をついてから足を振り上げているので、勢いがつかない

解決法 立った姿勢から壁逆立ちを繰り返し練習しましょう。補助についてもらって、重ねマットでの手つき逆立ち（P48）をしても効果があるでしょう。

つまずき06
回転後半にマットから目が離れてしまい、回転が壊れてしまう

解決法 壁逆立ちで大きく足を開き、体重を移して側方立ちになる練習や、高いマットから低いマットへの側方倒立回転を練習しましょう。このとき、着手点に目玉の絵を置き、最後まで見続けるようにします。

No.08 鉄棒に上がる 逆上がり
●対象：小学校1～6年

◆正しい逆上がりとは？◆ → DVD

スーパーアドバイス
鉄棒の少し前に踏み込もう

振り上げ足は、サッカーのキックをするように後ろに残しておこう

足を100m後ろに運ぶつもりで、思いっきり勢いよく振り上げよう

脇にスリッパがはさまっていると思って、しっかり脇を締め付けておこう

腕で鉄棒を引き寄せながら踏み込み足を素早く前に運びます。振り上げ足のひざは深く曲げ、後ろに残しておきます。

→ 踏み込み足を支えにして、振り上げ足を勢いよく振り上げます。同時に踏み込み足でも強くけり上げます。ひざを曲げて振り上げると回転力が強まります。

→ 腕による引き付けを強めて鉄棒に腰をつけます。足を上げるのに合わせて頭を後ろに倒して回転を加速します。

チェックポイント 腕で鉄棒を引き寄せ、鉄棒の前に踏みこんでいるか

チェックポイント スピーディーに振り上げ足を振り上げ、力強く踏み切っているか

チェックポイント 腕を引き寄せ、脇を締めているか。あごが上がり上体を反らせていないか

大切なポイント 逆上がりの前半部分の動きが特に大切です

腕を引き寄せ脇を締める

これによって体をしっかり回転させることができます。脇が開いてしまうと、大車輪のようになってしまいます。

〈練習のしかた〉
●親子で行う階段逆上がり　（P59）
●登り棒をよじ登る　（P59）

勢いのある足の振り上げと力強いけり

逆上がりは後方への回転運動ですが、振り上げとけりによって回転力を生み出します。

〈練習のしかた〉
●ジャングルジムでの階段逆上がり（P59）

上体の後方への倒し

足の振り上げとけりに合わせて上体を後方に倒すことによって、回転運動を加速させます。上体を後ろに倒さないと、せっかく生み出した回転にブレーキをかけてしまいます。

〈練習のしかた〉
●鉄棒での足抜き回り　（P58）

| 練習の しかた | 1. 逆さ感覚を身に付けよう ➡P58
2. 必要な力を身に付けよう ➡P59
3. 小さな段階を踏んで練習しよう ➡P61 | よくある つまずき ➡P61 |

上がる

逆上がり

ライオンがほえるように グッと頭を起こそう

手の甲が 上向きになるようにして 体を支えよう

足による回転を続けながら、上体の回転運動を止めて、腰を深く曲げてぶら下がります。<かけの状態>になります。

バランスをとりながら足を下へ下ろしていき、上体をゆっくり起こしていきます。

頭を起こし、手首を返して、支持姿勢になります。

チェックポイント 腕を引き脇を締め、腰を鉄棒に引き寄せようとしているか

チェックポイント 足が下がっていくのに合わせて、上半身を起こしているか

COLUMN
逆上がりができないのはこれが原因

　ある小学校で逆上がりのできない児童の運動の特徴を、分析したことがあります。その結果、「上体を先行させる」と「上体を停止させる」の2つのタイプがあり、さらにそれぞれのタイプに、脇が開いてしまう型と、脇が締まっている型があることがわかりました。
「上体を先行させる」子は、体を頭の後方に振り回すことによって解決しようとしていて、足でける前からあごを上げ、体を反らせてしまうため、運動が崩れてしまうのです。また、「上体を停止させる」子は、足を振り上げた後に上体を後方に倒すことに怖さを持っているため、上体を停止させ回転にブレーキがかかってしまうのです。このタイプの子が脇が開いてしまうと、できるまでに時間がかかってしまう場合が多いようです。
　脇が開いてしまう子は、腕の力が弱いから逆上がりができないかというと、必ずしもそうではありません。なぜならこのような児童を筋電図で測定すると、足を振り上げ、けった後に腕に力を入れようとしていないということがわかりました。逆上がりにもっとも重要なことは、逆さになる感覚だということです。

◆練習のしかた◆

Step 01 逆さ感覚を身に付けよう

〈小学校 低・中学年〉

　逆上がりは後方への回転運動であり、体が逆さまの状態になります。逆さになることへの恐怖感から解放されていなければなりません。また、逆さまの状態での位置感覚を身に付けておく必要があります。「体育の科学」（P63）で示すように、逆上がりができることと、「壁逆立ち」「後転」「登り棒での前後回り」ができることとは深く関係します。逆上がりに関係する「逆さ感覚」を身に付ける運動を練習しましょう。

●壁逆立ち

壁に向かって立ち、一気に上体を振り下ろし、足を振り上げて壁逆立ちになります。手の位置に絵に描いた大きな目（上の写真）を置き、これを見つめるようにして倒立します。

●鉄棒でのひざかけ姿勢からの倒立

ひざかけ姿勢から、手を鉄棒から離して倒立姿勢になります。手を離して頭を起こす瞬間に自分の位置を見失ってしまう子どもが少なくないので、はじめは補助が必要になります。

●登り棒を利用した前後回転

2本の登り棒の間に両足を抜くようにして前後に回転します。握った手の位置にゴムひもを張り、ゴムの上を体を通すように回転すれば、逆上がりとよく似た運動になります。できるだけスピーディーに行いましょう。（できれば10秒間に5往復回転が目標。）

●鉄棒での足抜き回り

鉄棒と体の間に、両足を抜くようにして回ります。この運動もスピーディーに行うことが大切です。しかし、この運動では脇を締める必要がないため、登り棒があれば、それを活用するほうがより効果的です。

●ジャングルジムでの階段逆上がり

ジャングルジムの①、②、③の部分に足をかけながら逆上がりをします。慣れたら足をかける部分を少なくして、一気に逆上がりを行うようにします。

●親子で行う階段逆上がり

親子が向き合って手を握り合い、子どもが親の体を足で階段状に上がって後ろに回転します。写真のように棒があれば、それを使ってもよいでしょう。（棒は固くしっかりしたもので、断面の丸いもの）階段を上っていく際に、腕を曲げ、脇を締めるとよいでしょう。

Step 02 必要な力を身に付けよう
〈小学校 低・中学年〉

逆上がりは強い筋力がなくてもできる運動ですが、懸垂力や上半身と足を1つにまとめる力があれば、一層容易にできるようになるでしょう。

●団子虫

団子虫になり、最低5秒間はひじを曲げてあごを鉄棒の上に出して、ぶら下がれるようになりましょう。逆上がりを行うためには、脇を締め、腕を曲げて鉄棒に体を引き寄せることが必要です。

●登り棒をよじ登る

登り棒の真ん中まで登れるようになりましょう。登り棒を登るためには腕を曲げ、脇を締める必要があります。また、両足の裏でもしっかり挟みこみます。

●腕立て腕屈伸

うつ伏せの姿勢で腕立て腕屈伸（腕立て伏せ）を行います。このとき、背腹とお尻に力を入れ、体を一直線に保つことが大切です。

No. 08 逆上がり

●腹筋運動（上体起こし）

足を押さえてもらい、あお向けから起き上がる動きを繰り返します。調査によれば、腹筋の強さと逆上がりの達成との間に関係があることは明らかです。腹筋の弱い児童には上体起こしのようなトレーニングが有効です。

●手押し車

背中とお尻に力を入れて、体全体を1本の棒のようにして、進めるようになりましょう。鉄棒運動の技を身に付けるために必要な、上半身と足を1つにまとめる「締めの感覚」が身に付きます。

●ゆっくり前回り下り

下の写真のように、なるべくゆっくりと前に回って下ります。ちょうど逆上がりと逆向きの運動になります。この動きを行うことによって、逆上がりに必要な腕や腹の動きが実感できます。

練習すればできるようになるよ！

Step 03 小さな段階を踏んで練習しよう
〈小学校 中・高学年〉

●補助台を利用した階段逆上がり

跳び箱に踏み切り板を立てかけて、逆上がりに挑戦します。跳び箱を5段、4段、3段と次第に低くしていくようにします。上達していく過程がよくわかり、また常に達成感が持てるので意欲的に挑戦することができます。この際に特に重要なことは、腕を曲げ、脇を締めるようにしておくことです。脇が開き、腰が落ちこんでいるようでは、補助板は何の役にも立ちません。

> **補助台逆上がり**
> 続けてできたら次の段階に進もう。
> ①5段の跳び箱（鉄棒と足の位置が同じになる）を利用した逆上がり
> ②4段の跳び箱を利用した逆上がり
> ③3段に跳び箱を利用した逆上がり
> ④2段に跳び箱を利用した逆上がり
> ⑤1段の跳び箱を利用した逆上がり（右上の図）
> ⑥踏み切り板のみを利用した逆上がり
> ⑦逆上がりの完成

公園などで、少し重い箱とベニヤ板などを使ってもできます。ビールびんケースなどが最適です。

●壁登り逆上がり

壁から50cmほど離れたところに移動式の鉄棒を設置し、壁を駆け上がるようにして逆上がりを行います。これを行う際にも腕を曲げ脇を締めておくことが大切です。

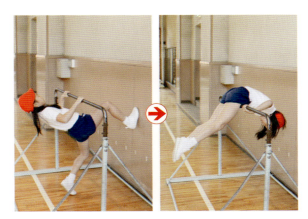

◆よくあるつまずきと解決の方法◆

つまずき01 頭が先に回って体が反ってしまう（上体先行型）

解決法 足を振り上げ、けってから頭を後ろに倒すように意識して練習しましょう。あごを上げてしまわないことも大切です。「登り棒での前後回転」（P58）や「高い補助台を利用した逆上がり」（上のステップ03）で、後方への倒し方を何回も練習しましょう。

つまずき02　上体が止まって後方に倒すことができない（上体停止型）

解決法　足を振り上げ、けった後に、意識して上体を後ろに倒すようにしましょう。登り棒などを利用して、スピーディーに後方に回る練習（P58）をしましょう。

つまずき03　腕が伸び、脇が開いてしまう

解決法　腕を引き寄せ脇を締めることを意識して練習しましょう。特に足を振り上げ、けった後、強く腕を引き寄せるように努めましょう。団子虫（P59）や斜め懸垂、登り棒で、自分の体を腕で引き上げる感覚を身に付ける（P59）ことが大切です。

つまずき04　踏み切り位置が遠い

解決法　鉄棒より少し前に踏みこむようにしましょう。

つまずき05　踏み切りの足が上がらない

解決法　後方に足を振り上げると同時に反対の足で強くける。

◇体育の科学◇

◆逆上がりの達成率とそのほかの運動能力との関係◆

小学生の逆上がり達成率

　図1は、大阪府のある小学校の児童の「逆上がりの達成率」（1984年調べ）を示しています。これによれば、833名のうち逆上がりのできる児童は611名（73.3％）で、できない児童は222名（26.7％）であり、**3、4年生で達成率が急速に高まる**傾向が見られます。また図には示していませんが、男女を比較すると男子（70％）、より女子（78％）のほうが達成率が高くなっています。

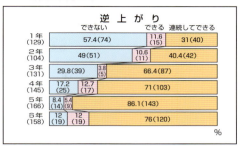

図1　学年別に見た逆上がり達成度

逆上がり達成率とその他の運動能力との関係

　図2は、小学校中学年・高学年段階の逆上がりの達成率と「登り棒の後転」「ローレル指数」「50メートル走」「壁倒立」「マットの後転」「上体起こし」「懸垂」「なわ跳び」の相関関係を示したものです。いずれの能力も逆上がりの達成とはっきり関係していることがわかりますが、中学年では、登り棒の後転（.652）、50メートル走（.437）、壁倒立（.379）、上体起こし（.301）、懸垂（.341）に比較的大きな関係が見られます。この結果から、逆上がりは固有の技術を伴う運動で、特殊な力と感覚が必要になることを教えています。したがって、絶対的な影響力を持つほかの運動能力はないといってもよいでしょう。

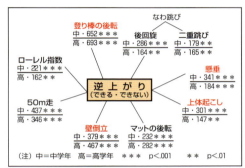

図2　中・高学年別の逆上がりと諸要因との相関

逆上がりに有効な運動

●登り棒の後転

　しかし、登り棒の後転は逆上がりときわめて類似した運動形態を備えており、強い相関値を示しています。逆上がりに先立ってこの運動を練習することが有効であることを教えています。

●壁倒立

　壁倒立との相関値も比較的高くなっています。運動形態はまったく逆ですが、立った状態から逆立ちになる点では共通しており、いわゆる「逆さ感覚」を身に付けることの重要性を示唆しています。

●上体起こしと懸垂

　これらの運動との関係も比較的高い相関値を示しています。逆上がりはわずかな力があればできるようになる可能性がありますが、逆さ感覚や足と腕を合わせる動きのタイミングが不十分な児童にとっては力で修正することが求められるため、腹筋や懸垂力が強ければ逆上がりの達成に大変有効に働きます。

懸垂2回、上体起こし30回、壁倒立ができれば逆上がりは100％できる

　そのことは、右の図3を見ればよくわかります。**懸垂**が2回以上でき、**上体起こし**が30回以上でき、**壁倒立**ができる児童は逆上がりが100％できるという結果が出ています。

懸垂	上体起こし	壁倒立	逆上がり	
			できない	できる
0回(131)	0〜19回(45)	できない(9)	78(7)	22(2)
		どうにか(2)	50(1)	50(1)
		できる(34)	12(4)	88(30)
	20〜29回(33)	できない(1)	100(1)	0(0)
		どうにか(0)	0(0)	100(3)
		できる(29)	4(1)	96(28)
	30回以上(53)	できない(4)	25(1)	75(3)
		どうにか(4)	25(1)	75(3)
		できる(45)	13(6)	87(39)
1回(100)	0〜19回(23)	できない(0)	—	—
		どうにか(1)	0(0)	100(1)
		できる(22)	5(1)	95(21)
	20〜29回(27)	できない(4)	100(4)	0(0)
		どうにか(2)	0(0)	100(2)
		できる(21)	5(1)	95(20)
	30回以上(50)	できない(1)	0(0)	100(1)
		どうにか(1)	0(0)	100(1)
		できる(48)	4(2)	96(46)
2回以上(90)	0〜19回(6)	できない(0)	—	—
		どうにか(1)	0(0)	100(1)
		できる(5)	20(1)	80(4)
	20〜29回(18)	できない(0)	—	—
		どうにか(1)	0(0)	100(1)
		できる(17)	6(1)	94(16)
	30回以上(66)	できない(1)	0(0)	100(1)
		どうにか(1)	0(0)	100(1)
		できる(64)	0(0)	100(64)

図3　高学年を対象とした逆上がりと3要因の関係
（髙橋　1985〜86, 89）

COLUMN

No.09 鉄棒を回る ひざかけ後ろ回り

●対象：小学校1～6年

◆正しいひざかけ後ろ回りとは？

スーパーアドバイス：「いーち、にーの」で足を大きく振ろう

「さん！」でひざ裏に鉄棒を「パコッ」とはさもう

ひじをしっかり伸ばして、勢いよく空を見よう

足を大きく振ります。 → 腰を浮かせてひざ裏を鉄棒にかけ、勢いよく空を見て後ろへ倒れこみます。 → ひじと背筋が伸びていると勢いよく倒れこめます。

 「いーち」の「い」、「にーの」の「に」で、後ろへ大きく振っているか

 ひじと背筋を伸ばして、勢いよく倒れこんでいるか

大切なポイント　鉄棒をひざ裏にひっかけて勢いよく倒れこむことが大切です

ひざの裏でしっかりと鉄棒を挟みこむことで回転軸を固定

後ろへの倒れ込みの勢いをつける

NG

〈練習のしかた〉
●補助付きひざかけ上がり（P67）

肩から落ちるように。

腰が落ちてしまうと、勢いがつかない。

〈練習のしかた〉
●10秒間逆上がり（P66）

| 練習のしかた | 1. 回る感覚を身に付けよう　→P66
2. 親子でいっしょに練習しよう　→P67
3. こんな技にも挑戦しよう　→P68 | よくあるつまずき
→P69 |

回る　ひざかけ後ろ回り

地面が見えたら
おなかを見よう

次の回転につなげるには、
鉄棒の上で
ひじを伸ばそう

勢いを保ちながら鉄棒を軸に回転します。

起き上がってくるとき、ひじを曲げ、上半身を丸めると、上がりやすくなります。

鉄棒の上に上がってきたら、鉄棒を押しながらひじと背筋を伸ばすことで、再び回る勢いをつけます。

チェックポイント ここからひざと胸をくっつけるようにしているか

チェックポイント 鉄棒へ上がるときに、ひざと胸を引きつけているか

チェックポイント 背筋とひじを伸ばしているか

鉄棒に上がるときは体を小さく縮める

〈練習のしかた〉
●補助付きひざかけ後ろ回り　（P67）

COLUMN
足の痛みを和らげる鉄棒補助具

ひざ裏が痛くなってしまうと意欲も減少します。タオルなどを巻くと痛みを軽減できます。鉄棒補助具も販売されています。
（写真は㈱内田洋行の鉄棒回転補助用具）

◆練習のしかた◆

Step 01 回る感覚を身に付けよう
〈小学校 低・中学年〉

　鉄棒運動では、「回る感覚」を身に付けることがいろいろな運動ができるようになるために必要です。早くたくさん回ることでその感覚を身に付けることができます。一人で回れなくても、補助で回してあげれば大丈夫です。
　次の練習で、前回りも後ろ回りも両方できるようになりましょう。

● 10秒間前回り下り

　前回りで下りたら、また鉄棒に上がります。10秒間で何回前回り下りができるかを数えます。早く回ると着地が鉄棒の真下にくるようになり、すぐに上がれるようになります。

● 後ろ回り下り

　鉄棒の上に座り、鉄棒を必ず順手で持ちます。手を離さないように後ろへ倒れ込んで鉄棒から下ります。怖い場合は、背中を支えてゆっくり下ろしてあげます。

● 10秒間逆上がり

　10秒間で何回逆上がりができるかを数えます。早く回ることで後ろへの倒れこみに慣れ、恐怖感がなくなっていきます。

補助をするときは…

　一人で逆上がりができない場合は、ひざ裏や腰を持ち上げて補助して何度も回してあげます。補助があってもひじが伸びないように注意しましょう。

 # 親子でいっしょに練習しよう

〈小学校 低・中学年〉

　鉄棒運動では、運動全体の一連の動き方を練習することで体が動きを覚えていきます。お父さんお母さん（大人）や友達が補助をすることで、一人でできない運動でもできるようになります。次のような補助のしかたを覚えて、運動全体の一連の動き方で練習しましょう。

回る　ひざかけ後ろ回り

●補助付きひざかけ上がり

ひざの裏にしっかり鉄棒を挟みこんだ姿勢で地面に足をつけて立ちます。

軽くジャンプして足を振り上げて回転させます。

補助者は、鉄棒の反対側に立ち、肩を持ち上げてあげます。

●補助付きひざかけ後ろ回り

　上手になってくると補助の手に徐々に体重がかからなくなってきます。そのときに補助をするふりをしてみましょう。一人でできてしまうことがあります。

補助者は、鉄棒の反対側に立ち、体が回ってくるのを待ちかまえます。

鉄棒の下から手を出し、肩を持って持ち上げます。上に上がれないと、ひざ裏が痛いので、補助をしてしっかりと上がれるようにしてあげましょう。

No. 09 ひざかけ後ろ回り

Step 03 こんな技にも挑戦しよう
〈小学校 中・高学年〉

ひざかけ後ろ回りは、その発展形としていくつかのバリエーションがあります。ここで紹介する技は、すべて大切なポイントが同じですので、挑戦してみましょう。

●反対足のひざかけ後ろ回り

鉄棒にかける足が変わるだけでも難しく感じます。ポイントは同じなので挑戦してみましょう。

●ひざかけ前回り

鉄棒の持ち手を逆手にして前に回ると鉄棒を押しやすくなって、回りやすくなります。もちろん、反対の足でも挑戦してみるといいでしょう。

●両ひざかけ後ろ回り

鉄棒は順手で持ち、勢いよく後ろへ倒れこみます。安全のため最初は必ず補助者をつけて行いましょう。

●両ひざかけ前回り

鉄棒は逆手で持ち、遠くを見ながら前へ倒れこみます。回ってから、再び鉄棒に上がるためには、最後の段階で、鉄棒を引っ張って体を鉄棒に近づけましょう。

◆よくあるつまずきと解決の方法◆

つまずき01 ひざを鉄棒にひっかける前に回ってしまう

　鉄棒運動は、回転軸を固定することで回る運動です。ひざかけ後ろ回りは、ひざの裏に鉄棒をひっかけて回転軸を固定するとスムーズにできるようになる運動です。
　鉄棒にひざをひっかける感覚をつかめるように練習しましょう。

原因 勢いよく後ろへ回転しようとしてあせって、ひざをひっかける前に後ろへ倒れこんでしまう

解決法 ひざを鉄棒にひっかける感覚をつかむ練習をして、あせらずに後ろへ倒れ込めるようにするとよいでしょう。ひざがきちんと鉄棒にひっかかっているかを他の人が見てあげるとよいでしょう。

　足を振って勢いをつけているときに「いーち、にーの」と声をかけてもらい、「さん！」のときに「パコッ！」と足をひっかけます。どうしてもひっかける前に回り始めてしまう場合は、補助付きひざかけ上がりで最初から鉄棒にひざがひっかかっている状態にして練習しましょう。補助2人→補助1人→補助なしと発展させていくといいでしょう。

「いーち、にーの　」　　「さん！（パコッ！）」

ひざがきちんとひっかかっているのは、この状態

できるようになったね！

つまずき02 勢いをうまく活かしきれない

ひざかけ後ろ回りでは、回転が始まった直後はひじを伸ばし、起き上がる直前の鉄棒に上がる前にひじを曲げます。タイミングよく曲げ伸ばしをすることで勢いをうまく活かして回転し、連続回転へとつなげることができます。

原因1　後ろへの倒れこみが怖く、ひじを伸ばすことができず腰から落ちてしまう

解決法　後ろへの回転感覚を身に付けるために、連続逆上がり（補助付きも可）が効果的です。あるいは「背中を伸ばして」や「空を見て」といった言葉をかけてひじを伸ばすことを意識させましょう。

補助付き（左の場面）や、一人で（右の場面）の連続逆上がり。

原因2　起き上がるときもひじと背筋が伸びたままで勢いがなくなってしまう

解決法　補助で鉄棒の上まで体を持ち上げたら、胸にひざをつけるように声をかけ、体を小さく丸めることで鉄棒に上がれる経験をさせます。

◆鉄棒運動の回転を科学する◆

　鉄棒運動は、鉄棒を回転軸として遠心力を有効利用して回る運動です。

　遠心力を得るためには、回転を始めるときにできるだけ回転半径の長い状態をつくることが必要です。ひざかけ後ろ回りで言えば、写真のように背筋とひじを伸ばすことで、できるだけ頭が鉄棒から離れた状態をつくります。回転軸と頭の先までの長さが回転半径となり、上から下に向かって回転半径が長いほど大きな遠心力を得ることができます。

上から下に向かうときは大きく。

　上から下に向かって得ることのできた遠心力は、鉄棒に上がるときに勢いを失っていきます。回転半径が下がるときも上がるときも同じであれば、上がることはできません。ところが、体を鉄棒の上に上げるときに回転半径を短くすることによって、勢いを失わずに鉄棒に上がることができます。

下から上に上がるときは回転半径を小さく。

上から下へ回るときは、体を伸ばす！
下から上へ回るときは、体を縮める！

　ひざかけ回りだけでなく、抱えこみ回り（ダルマ回り）や腕支持後方回転（空中逆上がり）、腕支持前方回転（空中前回り）も同じ理屈で回転しています。どの運動でも鉄棒の上から下に向かうときは回転半径を長くし、鉄棒の上に上がるときは回転半径を短くしています。だから、どの運動もひじやひざ、背中の曲げ伸ばしのタイミングが大切なポイントとなっています。

COLUMN

No.10 跳び箱を跳ぶ　●対象：小学校1〜6年
1. 開脚跳び

◆ 正しい開脚跳びとは？ ◆ → DVD

利き足で踏み切って大きく前に踏みこもう

上体を起こして「パン」と強く短く踏み切ろう

スーパーアドバイス
「タ・タ・ターン」のリズム

足は高く、頭と肩は低くして体を前方に投げ出そう

→ 頭を高く保ってリズミカルに助走します。歩幅を大きくして、利き足で踏み切りに移ります。

→ 踏み切り板の真ん中で、両足をそろえて力強く踏み切ります。

→ 力強い踏み切りの力を利用して、前方に大きく体を投げ出します。足は高く振り上げ、頭や肩は上がりすぎないように。

チェックポイント 利き足で大きく踏み切りに入れているか

チェックポイント 「パン」と、短く強く踏み切れているか。踏み切り板の上でひざを深く曲げてスピードを止めていないか

チェックポイント 体を大きく前方に投げ出せているか。踏み切る前や、体を投げ出す前に着手していないか

大切なポイント　跳び越せるようになるには、着手した後の「落下恐怖」をなくすことが大切

腕を支点にした体重移動
まだ跳び越せない段階では「腕を支点にした体重移動」がポイント。

〈練習のしかた〉
- 跳び箱で上にまたぎ乗って、腕で体を支えてまたぎ下りる(P74)
- タイヤ跳びや馬跳びでまたぎ越しの練習(P74)

体の投げ出し
腕を大きく振り出し、体を前方に投げ出します。足ー手ー足の順番で体を支えることがポイント。

〈練習のしかた〉
- ウサギ跳びで積み重ねたマットに跳び乗る(P75)
- 大きなウサギ跳び(スーパーマン跳び)(P75)

またぎ越しのリズム
またぎ越すリズムを身に付けることがポイント。小さな跳び箱を利用して、その場跳躍からまたぎ越すリズムを覚えるとよい。

〈練習のしかた〉
- その場跳躍からわずかに体を投げ出してまたぎ越す練習(P76②③)
- 助走しないで予備踏み切り・両足踏み切りからまたぎ越す練習(P77④)

跳び箱を跳ぶ

開脚跳び

| 練習のしかた |
1. やさしい運動で基礎的な感覚を身に付けよう ➡P74
2. 小さな段階を踏んで挑戦しよう ➡P76

よくあるつまずき ➡P77

手は「パー」にして跳び箱にしっかりつこう

手をつくのは跳び箱の前から1/3くらいに

遠くを見るようにして上体を起こそう

ひざを深く曲げてふんわり柔らかく

大きく腕を前方に振り出し、跳び箱の前方に指を広げてしっかり着手。力強い着手で体の切り返しができます。力強い着手ができれば、跳び箱の後方が浮き上がり、「ガッタ」と音がします。

顔を起こし、上体を切り返して跳び出します。

ひざを柔らかく曲げて安定した着地をします。

チェックポイント 脇を大きく開いて着手できているか。手で体の動きにブレーキをかけていないか。「腕で支える体重移動」あるいは「腕のジャンプ」ができているか

チェックポイント 上体をしっかり起こして、体の切り返しができているか

チェックポイント ひざを曲げて柔らかく着地できているか

「大きな開脚跳び」では、「腕による体重移動」ではなく、「腕のジャンプ」が大切

　開脚跳びがまだできない子は、まず「腕を支点とした体重移動」によってまたぎ越すことを習得しましょう。
　開脚跳びができるようになり、足が高く振り上げられるようになると、腕を支点とした体重移動を強く行うと、体の切り返しができずに、前のめりになって安全な着地ができなくなってしまいます。足を高く振り上げることが必要となる「大きな開脚跳び」をするには、着手時に肩を大きく開いて、鋭く「腕のジャンプ」を行う必要があります。この腕によるジャンプによって、体全体の切り返しが起こるのです。写真よりもっと肩を開けば、力強いジャンプができます。

◆練習のしかた◆

Step 01 やさしい運動で基礎的な感覚を身に付けよう
〈小学校 低・中学年〉

いきなり跳び箱を使って開脚跳びに挑戦するのではなく、基礎になる感覚や動きを身に付けることをねらいとした「運動遊び」を経験しておくことが大切です。4つの感覚づくりの運動遊びを紹介します。

●「腕で支えて体重を移動する」感覚を身に付ける

腕支持で移動をしてみよう

連結した跳び箱や長椅子、平均台などを利用して、腕で支えて体を移動する練習をします。できるだけ遠くに手をつき、大きく体を移動するようにします。何回手をついて跳び下りることができるか、挑戦しましょう。

跳び出しをしてみよう

①跳び箱や長椅子を、またいで座った姿勢からどこまで遠くに跳び出せるか挑戦してみよう。
②跳び出したときに、床に顔を打ち付けてしまうのではないかと、落下の恐怖感を持つ子どもが少なくありません。そのような場合には、大人が片方の腕を持って補助し、安心感を与えてあげましょう。

タイヤ跳びや馬跳びに挑戦しよう

①腰の高さの低いタイヤや人の馬で、両手をしっかりついてまたぎ越しを練習しましょう。両足のジャンプ力で跳び越したり、片足を上げて跳び越したりしてはいけません。腕による体重移動で跳び越すことが大切です。
②跳び越すことができれば、どこまで遠くに跳び越せるかに挑戦しましょう。体育館で馬跳びを行う場合には、何枚床板を跳び越せたか「板目数え」に挑戦しましょう。

●体の投げ出し（足・手・足の順番で動く）を身に付けよう

跳び箱を跳ぶ　開脚跳び

ウサギ跳びを練習しよう

①しゃがんだ姿勢から体を投げ出して手をつき、再びしゃがみ立ち姿勢になります。体を投げ出す前に手をついて足を引き寄せる子どもが少なくありません。わずかでも体を空中に投げ出すことが大切です。重ねたマット（3、4枚）の上にウサギ跳びで跳び乗るようにすれば、恐怖心を緩和することができるでしょう。慣れれば大きく跳び出して、着手した手より前方に着地できるように挑戦しましょう。

②安全マットを利用して、スーパーマン跳び（下図）でどこまで遠くのラインにタッチできるか挑戦しましょう。

COLUMN

だれでも開脚跳びはできる

「学習指導要領解説　体育編」（文部科学省）では、小学校3・4年生の跳び箱運動での基本的な技として「開脚跳び」と「台上前転」が、その発展技として「大きな開脚跳び」「かかえこみ跳び」「大きな台上前転」が例示されています。5・6年生では、この発展技が基本的な技になり、くわえて発展技として「首はね跳び」や「頭はね跳び」が例示されています。このように児童は発展的・系統的にさまざまな技を学習することになっていますが、「開脚跳び」と「台上前転」はもっとも基本的な技で、これを習得しなければ、それらの技の発展技に挑戦することはできません。

図は比較的体育授業に熱心な24の小学校での、跳び箱運動の「達成率」です。開脚跳びは3・4年で79.3％、5・6年で86.5％、台上前転は3・4年で46.2％、5・6年で60.6％でした。開脚跳びは大部分ができるようになりますが、それでも最後まで十分に跳び越せない児童が15％ほどいます（全国的にはもっと多いかも知れません）。何とか子どもたちがはじめに出くわす「ちょっと難しい運動」ができるようにしてあげたいものです。開脚跳びや台上前転は、基礎的な感覚を身に付け、恐怖心さえ取り除いてやれば、だれもができるやさしい運動なのです。

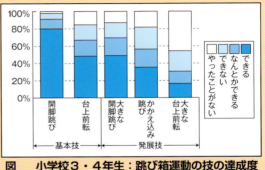

図　小学校3・4年生：跳び箱運動の技の達成度
（2010　髙橋）

No.10 開脚跳び

Step 02 小さな段階を踏んで挑戦しよう
〈小学校 中・高学年〉

●小さい跳び箱をまたぎ越そう

①小さい跳び箱（右の写真のようなものでもできます）を利用し、しっかり手をついてまたぎ越します。

着地点に10cm刻みにラインを引き、できるだけ遠くに着地します。ラインに得点を与えるようにするとよいでしょう。

これも「小さい跳び箱」

安定した椅子、2つ重ねのビール瓶ケース、人の馬などでも練習できます。

②その場跳躍（その場で、トントンとかるく両足ジャンプ）からまたぎ越しをします。その場跳躍からリズムを壊さないようにしてまたぎ越します。

③少し離れた踏み切り線からのその場跳躍で小さな跳び箱をまたぎ越します。跳び箱の手前に10cm刻みにラインを引き、できるだけ遠くのラインから踏み切って跳び越すことに挑戦しましょう。

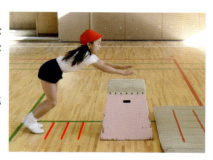

遠くのラインからまたぎ越すことができれば、障害物を置いてまたぎ越してみましょう。

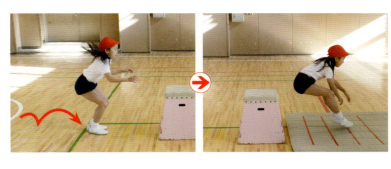

④助走なしで予備踏み切り(片足での踏み切り)から両足踏み切りを行って、小さな跳び箱をまたぎ越してみます。

⑤跳び箱を使って(3段あるいは4段)、2〜3歩助走でまたぎ越します。

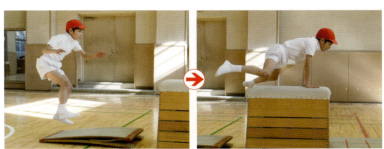

◆よくあるつまずきと解決の方法◆

つまずき 開脚跳びでのつまずきの多くは、次のような動きが原因です

❶踏み切りのとき踏み切り板の上で停滞してしまう
❷踏み切りから体を投げ出すことができない
❸腕でブレーキをかけてしまう
❹跳び出したときにお尻を跳び箱に打ち付けてしまう
❺跳び越した後、前のめりになって、安定した着地ができない
❻予備踏み切り(最後から1つ前の踏み切り)で大きく踏み込めない

解決法 ❶から❹までのつまずきは、手をついた後に頭から落下するのではないかという恐怖が主な原因です。まず、ステップ1の段階に戻って、「腕による体重移動」の感覚をしっかり習得することが大切です。タイヤ跳びや馬跳びができるようになっていることが開脚跳びに挑戦する前提条件です。

❷の「体の投げ出し」のつまずきは、踏み切った後に体を空中に投げ出すことに怖さがあるか、あるいは手をついた後の跳び出しに怖さがあるか、どちらかが原因です。ステップ1やステップ2の段階を繰り返し練習しましょう。自信がつけば、驚くほど早く進歩します。

❻予備踏み切りで大きく踏み出すことができないと、最後の踏み切りがきちんとできません。これは利き足で予備踏み切りができていないか、跳躍後の恐怖があるため、思い切って踏み切り体勢に入れないことが多いようです。ステップ2④の練習をするとよいでしょう。

No.10 跳び箱を跳ぶ　●対象：小学校3〜6年
2.台上前転

◆正しい台上前転とは？◆ → DVD

両足で「パン」と力強く踏み切ろう

スーパーアドバイス

手でしっかり支えて腰を高く引き上げよう

頭を高く保ってリズミカルに助走します。

→

利き足で、歩幅を大きくして踏み切りに移ります。踏み切り板の真ん中で、両足をそろえて強く踏み切ります。

→

力強い踏み切りの力を利用して、素早く着手し、腰を高く引き上げます。

 利き足で大きく踏み切りに入っているか

 短く、強く踏み切れているか。踏み切り板の上で立ち止まったり、ひざを深く曲げすぎたりしていないか

チェックポイント 跳び箱の手前のほうに着手し、手で支えて、腰を高く引き上げているか

大切なポイント　腕で支えて腰を高く引き上げるところがポイント

腕で支えて、腰を高く引き上げる

力強い踏み切りの勢いを利用して、素早くしっかり着手し、腰を高く引き上げます。

〈練習のしかた〉
- タイヤ跳びや馬跳びでまたぎ越しの練習（P74）
- 小さな跳び箱の上で、腕で支える体重移動でまたぎ越しの練習（P76①）

首の後ろをつける

首の後ろを台上につけて前転します。

〈練習のしかた〉
- ウサギ跳びで積み重ねたマットに跳び乗る練習（P75①）

腰を開く

頭を起こしながら腰を開き、着地の準備を始めます。

〈練習のしかた〉
- 連結跳び箱の上で前転をしてマットに下りる（P80）

跳び箱を跳ぶ / 台上前転

練習のしかた
1. マットで大きな前転ができるようになろう　➡P80
2. 跳び箱の上で前転しよう　➡P80
3. やさしい場所で台上前転に挑戦しよう　➡P81

よくあるつまずき ➡P81

おへそを見るようにして首の後ろを台につけよう

頭が台から離れたら体を開こう

あごを引き背中を丸くして着地

しっかり手で支持して、首の後ろを台上につけて前転します。

腰の角度を開き、着地に備えます。頭が遅れないようにしっかり起こします。

ひざを柔らかく曲げて安定した着地をします。

チェックポイント 首の後ろを、台についているか

チェックポイント 腰を開くタイミングが、早すぎたり、遅すぎたりしていないか

チェックポイント ひざを曲げて柔らかく着地できているか

COLUMN ◇体育の教養◇

跳び箱運動のルーツは乗馬術のトレーニング

　跳び箱運動のルーツは古くローマ帝国時代に溯ります。この時代の新兵は**乗馬術**を身に付けるために木馬を用いて跳躍運動を行ったとの記述が残っています。

　近代体育が成立すると、跳び箱運動に似た運動が体育の教材として取り扱われるようになりました。しかし、当初は基本的には乗馬術の延長線上にあり、木馬には**馬の首**や**尻尾**があり**鞍部**もついていました。そこでは、現在の跳馬運動と鞍馬運動が混在するような運動が行われていました。この２つの運動を区分するように教示したのはドイツ体育の創始者ヤーンでした。そこから**助走－支持跳躍－着地**という運動の順次性を特徴とする**跳馬運動（跳び箱運動）**が始まったのです。

　日本の学校体育に跳び箱運動が導入されたのは、大正２年（1913）の体育教授要目です。この要目は**スウェーデン体操**の影響が強く、そのこともあって日本の跳び箱は、ドイツ型の長方形のものではなく、**裾広がりの台形型**のものになったのです。

◆練習のしかた◆

Step 01 マットで大きな前転ができるようになろう
〈小学校 低・中学年〉

　いきなり跳び箱を使って台上前転に挑戦するのではなく、基礎になる感覚や動きを身に付けることをねらいとした「運動遊び」を経験しておくことが大切です。感覚づくりの運動遊びを紹介します。

●マットで前転を練習しよう

50cm幅のラインの中で、はみ出さないで前転をして、しゃがみ立ちになれるようにしましょう。

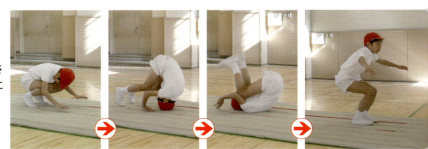

●トントン前転に挑戦しよう

2枚重ねのマットに手をつき、トントンと足を弾ませ、腰を高く引き上げて、前転しましょう。

Step 02 跳び箱の上で前転しよう
〈小学校 低・中学年〉

●連結跳び箱の上で前転をしてマットに下りよう

台上でしゃがみ立ちから前転をして、体を開いて安定した着地ができるようになりましょう。前転で体を開くタイミングをつかむことに難しさがあります。タイミングをつかむための練習です。

Step 03 やさしい場所で台上前転に挑戦しよう
〈小学校 低・中学年〉

跳び箱を跳ぶ

● 安全マットの上で、助走からの台上前転に挑戦しよう

安心感を感じることができる条件の下で、思い切って助走して踏み切り、マットの上で前転してみましょう。

安全マットが高すぎる場合には、マットの前に跳び箱の頭（1段目）を置くとよい。

● 低い跳び箱（1段か2段）を使って、台上前転に挑戦しよう

はじめは助走なしで、あらかじめ手をついた状態から足を数回跳ね上げて台上前転を行います（トントン前転）。慣れれば、2、3歩助走から台上前転に挑戦しましょう。

◆ よくあるつまずきと解決の方法 ◆

つまずき 台上前転のつまずきの多くは次の3つが原因です

❶ 踏み切りができず、首だけ前に曲げて跳び箱の前で停滞してしまう
❷ 頭を台上につけてしまい、前転がゆがんで跳び箱の横に落ちてしまう
❸ 台上での前転で体を開くのが早すぎて、背中を台にぶつけてしまう

解決法 ❶と❷のつまずきは、力強い踏み切りと腕で支えて腰を高く引き上げる感覚が身に付いていないためです。ステップ1やステップ3を繰り返し練習しましょう。❷のつまずきに関しては、踏み切った後しっかりあごを引き、首の後ろや肩を台につけるように注意しましょう。

❸のつまずきは、前転で体を開くタイミングに問題があります。早すぎても遅すぎても安定した着地はできません。ステップ2を繰り返し練習しましょう。

No.11 水にはいる　水慣れ・浮く・もぐる

●対象：小学校1〜2年

◆正しい伏し浮き姿勢とは？◆

やってみます

スーパーアドバイス

顔を水につけてから、プールの底をけってみよう

頭を水に入れて、底をけります。

一直線になるように、手足を伸ばします。

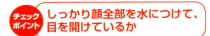

チェックポイント　しっかり顔全部を水につけて、目を開けているか

チェックポイント　腕、腰、足がまっすぐにしっかり伸びているか

大切なポイント　水中では力を抜くことが大切です

力を抜いて水と仲よくなる

力を抜くためには水への恐怖心を取り除く

　水への恐怖心を持っている子どもに対しては、少しずつ深く、少しずつ遠く、補助ありから補助なしへと、スモールステップで進めることが大切です。

練習のしかた
1. 水に慣れよう　　　　　　　　　➡P84
2. 楽しく浮いてみよう　　　　　　➡P85
3. 自由にもぐってみよう　　　　　➡P87

よくある
つまずき
➡P89

水にはいる｜水慣れ・浮く・もぐる

スーパーマンになってみよう

だんご虫になってごらん

顔を上げたら、すぐに手でふかずに、パッと言って水を吹き飛ばそう

ダルマ浮きをします。

ゆっくり立ち上がって、呼吸をします。

| チェックポイント | 姿勢の変化をスムーズに行えるか | チェックポイント | 足をついてからあわてずゆっくり立ち上がれるか | チェックポイント | パッと吐いた後に息を吸っているか |

COLUMN

「息をこらえて浮く」ができるようになるのは、何年生から？

　小学校の1～3年生に浮き身（伏し浮き）を行わせ、息をこらえて安定して浮いていられるかを評価したところ、1年生では半数以上ができていません。ですから、1年生のときは、あせらず水に慣れることをしっかり行うことが大切です。

●三輪千子「平成20年度長野県内地留学研修生研究報告書」（2008）

浮き身の達成度評価

	1年生	2年生	3年生
A評価			59.6
	10.7	6.6	
B評価	37.5	60.5	38.5
C評価	51.8	32.9	1.9

83

◆練習のしかた◆

Step 01 水に慣れよう

●シャワーごっこ

ビート板を傘がわりに。

パッ、パッ、パッと言いながら水を吹き飛ばしてごらん
手で顔を覆いながら。

手で顔を覆わずに。

忍者をイメージして、あぐらをかいて、パッ、パッ、パッと言ってみよう
滝に打たれて修行するつもり!?

●顔に水がかかる遊び

水かけっこ
顔をふかないで、たくさん水をかけられたほうが勝ちですよ

水入れゲーム
頭の上のバケツにいっぱい水を入れるにはどうしたらいいかな？

●顔を水に入れる遊び

もぐりっこ

2人組になって、一人が「お口まで」、「お鼻まで」……と順に声をかけ、もう一人が少しずつ顔を水中につけていく。

じゃんけん輪くぐり

じゃんけんして負けたほうが水面に浮かべた輪をくぐり中へ、もう一度やって勝ったら輪の外へ。（浮き輪でもできる）

● 水中を移動する遊び

動物歩き

アヒル

カニ

カエル

アヒル、カニ、カエル、ワニなどの動物をまねてプールの中を歩いてみよう。

顔つけワニ歩き

ワニ歩きをしながら、顔を水につけ、水面上に上げたらパッと言う。

じゃんけん列車

じゃんけんをして負けた人は、勝った人の後ろについて、列車になる。最後に1列になったら、浮いたり沈んだりしながらプールを回ろう。

水にはいる　水慣れ・浮く・もぐる

Step 02 楽しく浮いてみよう

水の中で浮く楽しさを味わってみよう

● 息をこらえてみる

プールサイドで

鼻をつまんで口だけで息をしてごらん。

口も閉じて、10まで数えてごらん。

水中で

息をとめて、水の中でいくつまで数えられるかな？

水の上に出たら、パッと言って、水を吹き飛ばすんだよ。

COLUMN ◇体育の科学◇

浮くためには沈まなければならない

「自分は浮かない」と思っている人ほど、実は沈めない人が多いのです。浮力は、アルキメデスの原理によって、「物体が排除した水の重量分に等しい力」が物体に働きます。つまり、水の中にできる限り体をひたすことで、排除される水の体積は最大となり、浮力も大きくなるのです。ところが「浮かない」という人に限って、息を吸いたいと水の上に頭を出したりするので、頭のぶんだけ浮力が減ってしまいます。ですから、逆説的ですが、浮こうと思えば、できる限り沈むことが大切なのです。また元々人間は、肺という浮袋を持っているので、たくさん息を吸うことで浮力を大きくすることも可能ですので、呼吸も大変大事なのです。

No. 11 水慣れ・浮く・もぐる

●一人で浮いてみる

クラゲ浮き

腕や足の力を抜き、クラゲのようにだらりと下げて浮く。

ダルマ浮き

腕で曲げた足を抱え、丸まった状態で浮く。

大の字浮き

うつ伏せに浮いたら、腕と足を広げて「大」の字に浮く。

一の字浮き

1本の棒になったつもりで浮いてごらん

腕、腰、足をまっすぐ伸ばして一直線になるように浮く。

●みんなで浮いてみる

2人以上で、手をつないだりして浮いてみましょう。

水中メリーゴランド

3〜6人一組になって手をつなぎ、ぐるぐる回り、合図に合わせていっせいに大の字浮きをする。

大の字合体

2人以上で大の字になり、浮いてから軽く手を触れるくらいで合体する。

●浮いてから進んでみる

いかだ引き

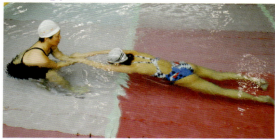

2人組になり、一人が一の字浮きして、もう一人がゆっくりと後ろに引っ張っていく。

イルカ跳び

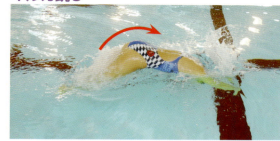

プールの底をしっかり両足でけり、水上にジャンプした後、指先から水中にすべりこむ。

水中ロケット

 →  →  →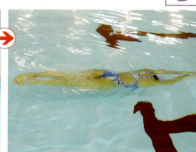

両腕で耳をはさみ、ややあごをひく。

全身を沈め、両足をしっかりと壁につける。

視線は自分のおへそを見るようにして両足でける。

すぐに浮かんでこないで、できるだけ遠くまで。

Step 03 自由にもぐってみよう

●一人でもぐってみよう

   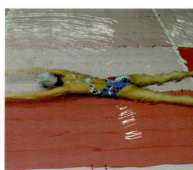

プールの底に手でタッチ　　手と足でタッチ　　お尻でタッチ　　体全体でタッチ

息をいっぱい吸って、手、足、お尻、体全体でプールの底にタッチしてごらん

ポイント　沈もうとすると、浮力が働き、体が浮くことを感じさせます。また、息を少し吐くと逆に体が沈むことも体験させるとよいでしょう。ゴーグルは適宜使用を認めてかまいません。

●2人でもぐってみよう

水中シーソー

2人組で、シーソーのように代わる代わるもぐります。

水中ジャンケン

水上でタイミングを合わせてもぐり、水中で勝ち負けを決めます。

水中トンネルくぐり

相手の足の間を、ぶつからないように上手にくぐります。

●みんなでもぐってみよう

リング、カラーゴムホース、碁石など、水に沈むものをプール内に置いて、みんなで宝探しをします。水中でちゃんと探すように男女で色を指定したりするとよいでしょう。

水中宝探し

> 男の子は青色、女の子は赤色の宝物を探してください。一人3個までだよ！

●バブリング

水に顔をつけて、口や鼻から息を吐きます。

カニさんがあわを吐くように口から息をブクブク吐いてごらん。

こんどは口を閉じて、鼻からブクブクあわを出してごらん。

頭を水に入れ、口でも鼻でもどっちでもいいので、ブクブクあわを出してごらん。

●ボビング

息を止めてもぐり、跳び上がって水面上で息を吸います。

 ポイント
しゃがんでもぐったらバブリングをし、水面上に顔が上がったら、パッと言ってその反動で息を吸います。連続10回程度できるようにしましょう。一人でできたら、2人組で行ったり、移動しながら行ったりしましょう。

◆よくあるつまずきと解決の方法◆

つまずき01 怖くて水に顔をつけられない場合

解決法 <家庭で>
- まずは自分で顔を洗えるようにしましょう。慣れてきたら、ジャブジャブと水を顔にかけてみましょう。
- お風呂に入って髪を洗うときには、ザバァ～と頭からお湯をかけられるようにしましょう。

解決法 <プールで>
小さいステップを踏んで行います。
1) あごまで水につける
2) あごまで水につけて移動する
   （ワニ歩き〈補助付きで・一人で〉）
3) 口まで水につける→できたら移動
4) 鼻まで水につける→できたら移動
5) 目まで水につける→できたら移動
6) おでこまで水にもぐる

つまずき02 怖くて伏し浮きができない場合

原因 「立てない」という恐怖心があって、伏し浮きができない場合が多くあります。そこで、クラゲ浮き（P86）に近い状態から、「おなかのほうに手をかきなさい」と言って、足がついたらゆっくり立ち上がる練習を何度もして、だんだん水平姿勢に近づけるようにしましょう。

解決法 補助者の肩の上に手を乗せさせ、子どものおなかあたりを支持して水平姿勢をとらせます。ゆっくりとしゃがみながら、伏し浮き姿勢をとらせます。

水にはいる　水慣れ・浮く・もぐる

COLUMN
◇体育の教養◇

人類の祖先は泳ぐサル？

　人類の祖先は、チンパンジーやオランウータンなどの類人猿であることはよく知られていますが、サルとヒトを隔てる境界は、二足歩行するか否かです。つまり二足歩行するようになったサルがヒトになるわけですが、どうして二足歩行するようなったのでしょうか？　諸説ありますが、おもしろい学説として、「アクア説」というのがあります。アクア説によると、人類揺籃の地と言われるエチオピア北部のダナキル山地は、約670万年前に海没し、アフリカ大陸から切り離され群島となりました。狭い島に隔離されたわれわれの祖先は、いやおうなく生活の場を樹上から海辺へ移し、水中で魚介類を採取するようになったのです。水中では体を覆う体毛はかえって邪魔になり無毛化し、浮力によって両足のみで立ち上がることが容易になった祖先は、魚介類を採取しやすいように上肢を発達させたと思われます。この半水生活のおかげで、われわれの祖先はサルとは異なる進化の過程を経ることになるわけです。その後、再び海が後退し、大陸と陸続きになると、われわれの祖先は、半水生活で得た特質を保ちながら、その生活圏をサバンナへと広げていき、ヒトへと進化したとする説です。

No.12 泳ぐ クロール

●対象：小学校3～6年

◆正しいクロールとは？◆ → DVD

スーパーアドバイス

肩の前方に筒があると思って、指先からスポッと入れるように水に入れてみよう！

水に入れたら、手のひらで水を押さえるようにし、ひじが手より先に下がらないように気をつけよう

ひじを伸ばしながら、肩の前方へ指先から水に入れます。

できる限り遠くの水をつかむように、腕を伸ばします。

チェックポイント 手の入水位置は、肩と頭の間の前方になっているか

チェックポイント 入水後、上体が沈まず水平を保っているか

大切なポイント　水の抵抗の少ないストリームライン（流線形）姿勢をとることが大切です

頭が上がったり、足が下がると、大変水の抵抗が大きくなります。水中では体への抵抗が陸上の800倍以上になるので、抵抗の少ないストリームライン（流線形）姿勢をとることがとても大切です。

〈練習のしかた〉
- けのびキック　　（P94）
- コンビネーション（呼吸なし）（P95）

クロール

練習のしかた
1. ストリームライン姿勢を身に付けよう ➡P92
2. 水をとらえて進んでみよう ➡P93
3. 呼吸をしながら泳いでみよう ➡P95

よくあるつまずき ➡P96

水の上に上げた腕は力を抜き、見えない天井をなぞるようにしてみよう

ひじをかるく曲げ、手が体の中心を通るようにして、だんだん速くかいてみよう

手が太ももに触れるところまでかいたら、ポケットから手を抜くようにして水面上に出してみよう

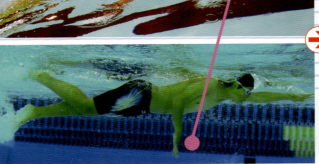

外側から内側へと、腕をかきこみます。体の中心線に沿って太ももに触れるまで、加速しながら水を押します。

かき終わったら腕の力を抜き、再び前方へ戻します。

チェックポイント 腕がリラックスして適度に曲がっているか

COLUMN

3年生で半数が25m以上泳げるように

小学生4112名を対象とした調査によると、1年生のうちは、8割近くが5m以下しか泳げません。2年生になると10m以上泳げる子が5割強を占めるようになります。さらに3年生になると約半数の児童が25m以上泳げるようになるという結果が出ているので、1、2年生のうちにしっかりと基礎を固め、3年生で泳ぐ技術をしっかり習得させたいものです。

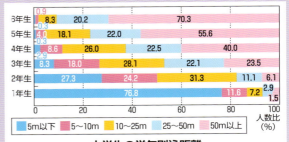

小学生の学年別泳距離

●渡邊義行『学校水泳指導の基礎・基本』（ふくろう出版 2005）

◆練習のしかた◆

Step 01 ストリームライン姿勢を身に付けよう

●ストリームライン（流線形）姿勢の確認

陸上でストリームライン姿勢をとって、正しい形を身につけよう。

耳の後ろで、頭をひじで挟むようにして、体をまっすぐに伸ばします。このとき腰が曲がったりしないようにしましょう。

腕が頭の前のほうへくると、頭が上がる原因となります。

●けのび

けのびは、泳げるようになるための大切な技術です。5m以上進めるように、しっかり練習しましょう。

片足を壁につけた状態で立ち、頭を水につけながら足を揃えるようにしましょう。

両足をしっかり壁につけ、あごを引いて壁をけってごらん。

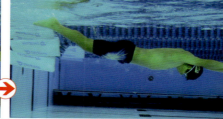

けり出した後はストリームライン姿勢を維持しながら、前へ進んでみましょう。

●水中輪くぐり

けのびをして、水中の輪をくぐってみましょう。（大人2人が、腕で輪の形を作ってもよい）慣れてきたら輪を少しずつ沈め、深いところでもスムーズにくぐれるようにしましょう。

●いかだ流し

数人が横に2列に並び、その間をねらってけのびをします。まわりの人は手足を持って、いかだを流すように前に送ります。

Step 02 水をとらえて進んでみよう

●キック（腰かけて）

キック（足のけり）の練習を段階的に行ってみましょう。

壁に浅く腰かけて、太ももから大きくけり上げ、水を斜め前方に飛ばすようにキックします。

足首が曲がっていては水をうまくとらえることができません。

指導のコツ
足の親指を内側に向け、足の甲で水をけり上げる感じがつかめればOKです。

●キック（壁につかまって）

肩まで水につかり、太ももから大きく足を上下させます。このときひざや足首は意識せず、親指どうしがふれあうようにキックしましょう。

ひざが曲がりすぎると足の甲で水をとらえられません。

指導のコツ
足が下がるときは、片腕で体を支えて浮かせます。

●キック（ビート板を使って）

ビート板の先端を持ち、ひじをのせるようにして、顔を上げてキックしましょう。

ビート板の手前を持って、頭を水に入れ、ストリームライン姿勢を保ってキックしましょう。

顔をつけた状態でキックし、苦しくなったら、パッと言って息を吸いながらキックを続けてみましょう。

COLUMN

ヒトはフグよりも泳ぎが苦手！

◇体育の教養◇

　魚の場合、泳ぐ速さはほぼ体長に比例します。魚が1秒間に体長の何倍泳げるかを比較すると、1日でかなりの長距離を泳ぐことが知られているシマアジは、体長の9倍もの速さで泳ぎ続けられます。ちなみに、カワハギは約7倍、マダイは約5倍。しかしヒトの場合、最大持続泳速度は、1秒あたり体長にも及びません（1倍以下）。これはあまり泳ぎが上手そうではないトラフグ（約3.5倍）にも劣ります。

No.12 クロール

●けのびキック

けのびをしてから、キックしてみましょう。

補助付きで　　　　　　　　　　　　　　**一人で（呼吸なし）**　　**一人で（呼吸あり）**

2人組になり、サポート役の人は壁から3～5m離れて立ち、相手を待ち受けます。もう一人は、壁からけのびをした後相手の手に触れたらキックを始めます。

ストリームライン姿勢を保ったまま、キックをしてみよう。

両手で水を押さえるようにして、顔を上げ、呼吸をしながら、キックをしてみよう。

●ストローク（陸上で）

陸上で**ストローク（腕のかき）**の正しい動きを身に付けましょう。

手はかるく閉じて、両手を揃えてごらん。

手のひらが太ももにふれるまでかくんだよ。

かいた後は、天井をさわるつもりで大きく腕を回してごらん。

前でまた両手を合わせるんだよ。

かき終わった後、腕が曲がりすぎると、遠くの水がつかめません。

NG

●ストローク（水中で）

水中でストロークだけを練習してみましょう。

壁につかまって　　　**歩きながら**

指導のコツ
以下の3点を強調します！
① 前で手を揃えた状態からかき始める
② 太ももまでかく
③ かき終わったら、大きく天井をさわるように戻す

●コンビネーション［腕と足の動きを合わせる］
（呼吸なし）

けのびした後、スピードが落ちたらキックを打ち、その後ストロークを開始するようにします。

Step 03 呼吸をしながら泳いでみよう

●呼吸の練習（片腕だけで）

顔を横に上げながら息を吸う練習をします。まずは片腕のみをかきながら、パッと息を吐いてからゆっくり息を吸います。下の順序でステップ・バイ・ステップで練習しましょう。

 →  →

①壁につかまって　②ビート板を持って歩きながら　③友達に片腕を引っぱってもらいながら　④ビート板を片手で持ちながら

●呼吸の練習（両腕をかきながら）

 →

2人組になり、サポート役の人は、泳ぐ人の手をかるく持って支えます。泳ぐ人は、サポート役の手に自分の手を重ねながら、大きく片腕ずつ回し水を後ろにかいてみましょう。

サポート役は、相手が息をするときだけ、顔が沈まない程度に手で体を支えてあげましょう。

> 肩ごしに後ろを見るようにしながら、パッと言って息を吸いましょう。

 →

ビート板の中央に片手を乗せ、左右交互に両手をかいて、クロールを行います。ビート板の上で手を重ねてから、反対の手を太ももまでかくようにしましょう。

伸びている腕に耳をつけるように顔を上げ、ゆっくりと呼吸をしてみましょう。

●クロールをする

いよいよ最後の段階。クロールの完成です。

呼吸をする反対の腕が、沈まないように気をつけましょう。

呼吸が終わったら、またストリームライン姿勢に戻ることを忘れないように。

◆よくあるつまずきと解決の方法◆

つまずき01 けのびの際うまく壁がけれない

解決法1 ちゃんと頭までもぐって、耳を腕で挟んで壁をけるようにします。

解決法2 うまく姿勢を変えられない場合は、ダルマ浮きやスーパーマン浮きをしてから、壁をける練習をするといいでしょう。

ダルマ浮きをして、頭を水の中に入れてから、足を伸ばしながら壁に足をつけてごらん。

つまずき02 ひざが曲がって上手なキック(足のけり)が打てない

解決法1 ひざが曲がりすぎるときには、ひざをかるく持って補助をします。

解決法2 水の中でキックを打つ場合には、サポート役の人は壁に背を向けて、泳ぐ人の横に立ち、太ももを持って上下に大きくキックできるように補助しましょう。

つまずき03 水の上に口が出ているのに息が吸えない

解決法 顔が水の上に出ているのに息が上手に吸えない子に対しては、水面がどこなのか意識させ、水中と水上の区別ができるようにします。水中ではブクブク息を吐き、水上に出たらパッと言って息を吸う練習を、陸上でも行いましょう。

紙を顔の前にあて、パッと言って息を吸う。

つまずき04 呼吸のときに顔が上がってしまう

解決法 片手クロール（ビート板あり、なし）〈右図〉を行い、伸びた腕から耳を離さないようにして顔を上げる練習を何度も行います。視線は肩ごしに後ろを見るように指示するとよいでしょう。

どうしても呼吸時にあごが上がってしまう子に対しては、手をかきながらローリングして背浮きをする一連の動作を練習させるとよいでしょう。

COLUMN　　　　　　　　　　　　　　　　　　　　　　　　◇体育の教養◇

100m自由形の世界記録変遷

人類は、105年かけてようやく19秒記録を短縮しました。競泳は水の抵抗との戦いで、速く泳ぐことはそう簡単なことではないのです。

ヒトはどこまで速く泳げるようになるかな？

100m自由形世界記録の変遷

- 男子100m自由形
- 女子100m自由形

95.0　65.8　105年かけて19秒短縮　52.07　46.91

記録（秒）／年代

No.13 平泳ぎ

泳ぐ ●対象：小学校3～6年

◆正しい平泳ぎとは？◆ → DVD

スーパーアドバイス

手で逆のハート形を描くようにかいてごらん

胸の前で手を合わせながら、頭を水の上に上げてごらん

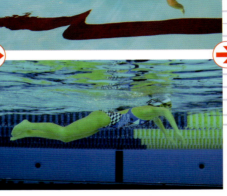
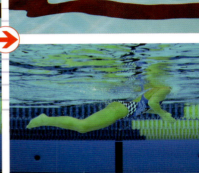

水をかきわけるようにして、肩幅ぐらいに手を開きます。 手のひらの向きを変え、内側にかき込みます。 脇を締めながら、手のひらが合わさるところまで水をかきます。

 チェックポイント 手より低い位置にひじが落ちていないか

大切なポイント

平泳ぎはキックが肝心。しっかり足首を曲げ、土ふまずあたりで水を押すことが大切です

平泳ぎでは、キックによる推進力が腕を上回ります。足の裏で水をしっかりとらえられるように、陸上、水中で繰り返し練習することが大切です。

〈練習のしかた〉
- 陸上での平泳ぎの足のチェック （P100）
- 補助付きで壁につかまってキック （P100）
- 一人で行う練習 （P101）

| 練習のしかた | 1. 平泳ぎの足のキックをマスターしよう ➡P100
2. 腕のかきと呼吸を練習しよう ➡P101
3. 腕と足のタイミングを合わせて泳いでみよう ➡P103 | よくある
つまずき
➡P104 |

泳ぐ

平泳ぎ

ちゃんと息を吸ってから、キックしてみよう

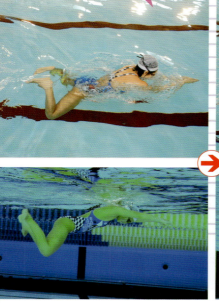
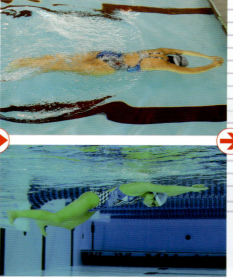
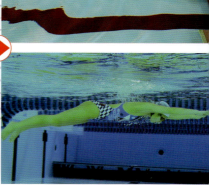

手のかき込みに合わせて呼吸をし、足を引き付けます。 → 頭を入れて、水平姿勢をとりながらキック（足のけり）をします。 → 抵抗の少ない水平姿勢をとります。

チェックポイント キックが終わる前に手をかいていないか

チェックポイント キックのあとは、ストリームライン姿勢（流線形）がとれているか

COLUMN

学校の授業ではゴーグルをつけない？

　水泳の授業で、ゴーグルを着用させるべきかどうかは、議論の分かれるところです。小学校1、2年生を対象とした調査で、ゴーグルを使用したグループと使わなかったグループでは、泳力に差があるとの結果が示されています。水への恐怖心を緩和し、自分の動きをよく観察するためには、ゴーグルは有効なので、状況に応じて着用が認められると思われます。

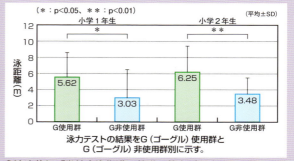

泳力テストの結果をG（ゴーグル）使用群とG（ゴーグル）非使用群別に示す。

●渡邊義行『学校水泳指導の基礎・基本』（ふくろう出版 2005）

◆練習のしかた◆

Step 01 平泳ぎの足のキックをマスターしよう

●陸上でのチェック

ベンチなどを利用して、①足の引き付けと足首の曲げ、②ひざの伸ばしによるけり出し、③両足をそろえるように閉じる、①～③までの動作を繰り返し練習しましょう。2人でお互いに見合い、できているかチェックさせるとよいでしょう。

①かかとがお尻につくようにひざを曲げ、足首もしっかり曲げてごらん。

②足首は曲げたままで、ひざを伸ばして斜め後ろにけってごらん。

③親指と親指がくっつくように足を閉じてごらん。

●プールサイドに腰かけて

プールサイドに腰かけて、「イチ」でかかとを引き付け、「ニィ」で足の裏で水をけり、「サ～ン」で足を閉じます。

「イチ」ちゃんと足首が曲がっているか確かめてごらん。

「ニィ」足の裏で水を押すようにして、ひざを伸ばしてごらん。

「サーン」水を挟むようにして、親指をくっつけて、気をつけをしてごらん。

●壁につかまってキック

水中で壁につかまって、キック（足のけり）の練習をします。

下半身が沈みやすいので、片手でプールサイドの縁をつかみ、もう一方の手で壁を押して、体を水平に保つようにするとよいでしょう。

正しい平泳ぎの足を身に付けることは、とても大変です。子ども同士で足を持ち、足を引き付けた際、足首がきちんと曲がっているか確認をしながら、キックをするとよいでしょう。

●ビート板を使ったキック

仰向けキック
ビート板を胸のところでかるく抱え、仰向けになってキックをします。

うつ伏せキック
下半身が沈みにくいように、ビート板の先端を持って、うつ伏せでキックします。

特に足を引き付けたときに、しっかり足首が曲がっているか自分で確かめながらキックします。

かかとをお尻に引き付けるイメージで、足首を曲げて足の裏で水をけりましょう。

●気を付けキック

水中で気を付けをした状態から、かかとをお尻の上に乗せるように足を曲げ、手でかかとをさわります。

足首は曲げたまま、かかとからけり出すイメージを持って、足裏で水をとらえ、再び気を付けの姿勢をとります。

Step 02 腕のかきと呼吸を練習しよう

●腕のかきのイメージをつかむ

平泳ぎでは、逆のハート形を胸の前で描くイメージを持って、手をかきます。

ひじはやや曲げて、肩のラインを保つようにして、手と前腕全体で水を後ろに押します。

顔の下で手を合わせるようにして、顔を上げます。息を吸うときは、顔を上げすぎないように注意しましょう。

泳ぐ

平泳ぎ

No.13 平泳ぎ

● 歩きながら腕をかく

練習したイメージを持って、水中で歩きながら腕をかいてみましょう。

腕を前に伸ばしたときは、頭を水に入れてかるく息を吐きます。

両手が揃うタイミングに合わせて顔を上げ、息を吸います。

● 呼吸のタイミングをつかむ

❶けのび状態から、❷両腕で水を押して顔を上げ、❸パッと吐いてから息を吸い、❹頭を入れてけのび姿勢をとり、浮いてくるのを待って、❶→❷→❸→❹を繰り返します。

❶イチ・ニイ

❷サアーン

❸パッ

❹チャポン　背中が浮いてくるまで待つ

● 補助付きで呼吸を練習する

2人組になり、一人は相手の手をかるく持って後ろへ下がりながら補助をします。

手が顔の前で合わさるタイミングで、顔を上げ、支えを利用してゆっくりと息を吸います。

Step 03 腕と足のタイミングを合わせて泳いでみよう

●腕と足のタイミングを合わせる

陸上で腕のかきと足の動きを合わせる練習をしましょう。

腕と足が伸びた状態から始めます。

腕をかきながら、徐々にひざを曲げ、キックの準備をしましょう。

腕と足がいちばん曲がった状態をへて、ひざを伸ばしていきます。

足をけりながら腕を伸ばし、ストリームライン姿勢をとってみましょう。

●2回キック1回プル（2回けって1回腕をかく）

抵抗の少ないストリームライン姿勢を保ちながら、平泳ぎのコンビネーションを行うために、2回連続キックを行ってから、腕のかきを行い、息継ぎをします。キックをゆっくり行い、常に水平姿勢を維持することが大切です。

●1回キック1回プル（1回けって1回腕をかく）

平泳ぎの完成段階です。足をけり終わった後、すぐに腕をかいてしまう場合が多いので、キックの後は足がしっかり伸びてから、腕をかき始めましょう。また呼吸動作は、できる限りゆっくり余裕を持って行えるよう声かけをしましょう。

◆よくあるつまずきと解決の方法◆

つまずき01 足首が伸びたままキックをしてしまう

解決法 「足首を曲げる」という感覚がわからない子どもには、まずは陸上で自分の目で見て曲がっているかどうかを確認させます。次に2人組になり、一人が相手の足の裏に手をあてがい、足首を曲げたまま、ひざを伸ばしながら斜め後方にけり出す動作を反復練習してみましょう。

足首が伸びたままの形。

つまずき02 ひざを前に引き付けすぎて進まない

解決法 ひざを曲げる意識が強すぎると、引き付けた際に大きな抵抗を生んで前に進まないようになります。
その場合には、陸上ではかかとをお尻の上に乗せるようなイメージトレーニングをしましょう。水中ではビート板を用いた仰向けキックで、ひざが水面上に出ないように注意をして練習しましょう。

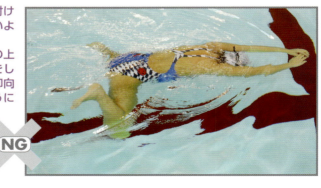

つまずき03 顔の上げすぎの反動で沈んでしまう

解決法 息を吸おうとする意識が強すぎると、顔を上げすぎてしまいます。そうすると上体が立って抵抗が大きくなり、浮力が減少するので、反動で大きく沈むようになります。その場合には、逆ハート形を描いて顔の下で手を合わせるような手のかきができているか確認し、鼻と口だけを水面上に出すようアドバイスしましょう。

つまずき04 腕のかきと足のけりのタイミングが同じになり進まない

解決法 平泳ぎでは、キックをした直後に速度が高くなります。そのときに腕をかいてしまうと、かえって抵抗を受け進みません。キックをした後は、手をかくまでに一呼吸おいてストリームライン姿勢をとることが大切です。そのためには、陸上で手足のタイミングを合わせる練習（下図）を繰り返し行うとよいでしょう。

NG

平泳ぎは、日本選手が最も得意な泳ぎなんだ！

泳ぐ　平泳ぎ

COLUMN

平泳ぎのコツはいかに減速しないか

　平泳ぎは、日本選手の得意種目と言われています。なぜかというと平泳ぎは、図のようにたいへん前進速度の変動が大きな泳ぎであり、パワーで劣る日本選手でも、テクニック次第で減速の程度を少なくし、平均泳速度を高く保てるからです。もともと平泳ぎは、他の種目と異なり、かいた腕を水中でリカバリーしますし、足もけった後は、水中を大きく引き戻すような動作を行いますので、抵抗を受ける局面での速度の落ち込みが大きいのです。よって海外のパワフルな選手が大きな推進力で進めたとしても、抵抗が大きな泳ぎでは結果的に減速も大きくなり、効率の悪い泳ぎとなってしまいます。アテネと北京のオリンピックで2大会連続2種目金メダルをとった北島康介選手は、まさに減速しない泳ぎで、なみいる大男たちに勝ったのです。

平泳ぎで前へ進むときのスピードは？
中くらい
↓
速い
↓ 減速
遅い
↓ 加速
速い

◇体育の科学◇

No.14 投げる ●対象：小学校1～6年
ボールを投げる

＊すべて右投げを例とします。

◆正しいボールの投げ方とは？◆

ステップ動作

左足をステップします。 右足を左足の後ろでクロスさせるように前に運びます。 右手を回すように後方に引きます。 上体を起こすようにします。 左足を力強く踏み出します。

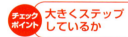 大きくステップしているか　　右腕を後ろに大きく引いているか

スーパーアドバイス

両腕をワシのように大きく広げよう

ワインドアップ

両手を頭の上に構えます。 体を起こしておいて左ひざを大きく引き上げます。 左足の動きに合わせて右手を回すように後方に引きます。 大きく1歩踏み出します。

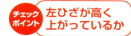 左ひざが高く上がっているか　 左足を大きく踏み出しているか　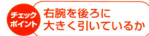 右腕を後ろに大きく引いているか

| 練習のしかた | 1. 投げる要素のある遊びを楽しもう　→P108
2. 投げる前の準備動作を身に付けよう　→P108
3. 投げる方向を安定させよう　→P109
4. 力強い投げ動作を身に付けよう　→P110 | よくあるつまずき →P112 |

投げる　ボールを投げる

肩をクルッと前に回転させよう

腕をムチのようにビュッと振ってみよう

左腕を後方に引き、肩の回転を助けます。

→ 上体をひねり戻しながら、上体を前方に倒します。

→ 体重を左足に乗せます。

→ ひじが耳の横あたりを通るように大きく振ります。

→ 腕は力を入れすぎずにしなやかに振ります。

チェックポイント：肩が後方にしっかり回っているか

チェックポイント：肩のひねり戻しと上体の前方への倒しが力強いか

チェックポイント：腕が力強く振られているか

大切なポイント　準備動作が大切です

大きなバックスイングと足の踏み出し

投げる前の準備動作としてボールを大きく後ろに引き、十分に肩を回します。投げ手と反対の足を大きく上げたり、リズミカルなステップを行うことで、続く投げの動作は力強く腕を振ることができます。

〈練習のしかた〉
●カニ走り投げ　（P108）　●振り子投げ　（P109）

◆練習のしかた◆

Step 01 投げる要素のある遊びを楽しもう
〈小学校 低学年〉

　遊びの中には投能力を高める要素はいくらでもあります。メンコ、クギさし、紙鉄砲、河原での石投げ、コマ回しなど。「ものを地面にたたき付ける」、「腕を振ってものに加速を与える」このような動作を体験することが投げに役立ってきます。忘れ去られた、このような遊びを復活させるだけでも子どもの投げる能力は向上するでしょう。

●いろいろな遊び

メンコ

地面に置いてある相手のメンコの横に自分のメンコをたたき付けて、風圧で裏返せば勝ち。

コマ回し

コマにヒモを巻き、コマを勢いよく投げ出し、ヒモだけを引き戻す。スナップを効かせて、ヒモを引き戻すと、コマの回転の勢いが増す。

紙鉄砲

紙でできた鉄砲の端を握り、勢いよく振り下ろす。力強く振り下ろすことができれば、「パーン」と良い音がする。

河原での石投げ

河原にある円盤状の薄い石を水面と平行に投げ出し、水面で何回跳ねたかを楽しむ。

Step 02 投げる前の準備動作を身に付けよう
〈小学校 中・高学年〉

　オーバーハンドスロー（上手投げ）では、準備動作にあたる腕のバックスイングや足のステップ動作などが大切になります。準備動作がうまくいくと、投げの動作もスムーズにリズミカルに行えるでしょう。準備動作は、動作のスピードも速くなく、しかも比較的簡単なので、子どもへの指導としては適切です。

●カニ走り投げ

　サイドステップの要領で連続ステップをしてから投げに移ります。後ろ側の足（右足）をしっかりと引きつけるようにします。ステップの回数をいろいろ変化させてみましょう。

●振り子投げ

胸の前で構えた両手を大きな円を描くように振り下ろし、その勢いで高い位置まで振り上げます。そこから、オーバーハンドスロー動作に移ります。これにより投げ手の大きなバックスイング動作を体験できるだけでなく、反対側の腕の使い方もわかります。

Step 03 投げる方向を安定させよう
〈小学校 高学年〉

●的あて

いろいろな距離に段ボール箱やコーンなどの的を置いて、それらに当てるようにボールを投げます。距離に応じて得点を決めて、ゲームとして楽しむこともできます。

●スローイングゴルフ

ゴルフの要領で、スタート地点からボールを投げて、ゴールと決めた的やカゴなどに、何回でボールが到達するかを競います。広場、公園、校庭などに距離の異なるコースをいくつか作ってみましょう。テニスボールなど当たっても安全なボールを用います。投げる距離によっては、アンダーハンドスロー（下手投げ）も用います。

No. 14 ボールを投げる

Step 04 力強い投げ動作を身に付けよう
〈小学校 中学年〉

●タオル振り

タオルの一方の端を持ち、ボールを投げるようにタオルを振ります。ムチのように腕を振ることができれば、タオルは腕の延長のように大きく振られます。

●スナップ投げ

柔らかくボールを握り、手の平を上に向けます。手首の屈曲（スナップ）だけで、ボールを真上に放り上げてみましょう。

●どすこいバウンド投げ

四股を踏むように投げ手と反対側の足を高く引き上げます。上げた足を勢いよく地面に下ろしながら、その勢いでボールを地面にたたき付けます。前にヒモを張っておき、それをワンバウンドで越えるようにしましょう。

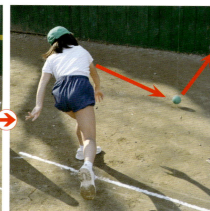

●振り向き投げ

真後ろにボールを置いて、それを両手でつかんでから、片手で全力で投げます。十分に肩を後方にひねってからボールをつかむようにします。腰くらいの高さの台にボールを置くやり方もあります。

●バトン投げ

新聞紙などを巻いて、バトンを作ります。バトンの端を握り、ボールを投げるように力いっぱい投げます。腕がしっかりと振れて、スナップが効いていれば、バトンは縦にクルクル回って飛んでいきます。

COLUMN

ボール投げの指導のポイント

　右は、オーバーハンドスロー（上手投げ）での重要な技術的なポイントのつながりを表したチャートです。これらのつながりを踏まえた上で練習すれば、効果的な練習をすることにつながります。たとえば、「スナップ動作がうまく行えない場合には、どこを練習すれば良いのか」がわかります。

　このチャートからは、スタートの部分である準備動作、すなわち足のステップや腕のバックスイングを上手に行うことが大切であることがわかります。ステップを上手に行いボールを大きく後方に引くことができると、肩を投げる方向とは反対に大きく回転させ、しかも体を後傾させることができます。この姿勢がとれると、続く投げの動作で上体のひねり戻しと起こしが利用できます。そうすると、肩の回転スピードが高まり、その結果、上手なムチ動作やスナップ動作に結びつき、速いボールを投げることができるのです。

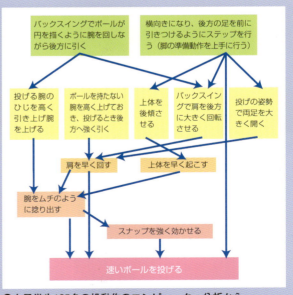

●女子学生165名の投動作のコンピューター分析から導きだしたデータ（尾縣 1997）

投げる　ボールを投げる

111

◆よくあるつまずきと解決の方法◆

つまずき01 投げ手と同じ側の足が出る

ボールを投げるのは腕ですが、足も非常に重要な役割りをしています。ステップしたり、足を高く上げるといった投げる前の準備の動作は、体の勢いを増したり、肩の回転を生み出す源になります。

投げる運動が得意ではない子の中には、投げ手と同じ側の足を踏み出す子もいます。これでは、良い投げの構えを作り出すことはできません。

解決法 経験がないために、投げ手と同じ側の足が出てしまうことが多いようです。順を追って次の3つの練習をやってみましょう。
①左足を前に出した姿勢で投げる。
②左足を上げた姿勢から足を下ろして投げる。
③連続サイドステップから投げに移る。

つまずき02 バックスイングで肩が回らない

バックスイングで肩が回らないと、投げ動作で肩を前方に勢いよく回転させることができません。そうすると、素早く腕を振ることができず、上手なムチ動作につながりません。

解決法 肩が回らないのは、未熟な足と腕の準備動作に原因がある場合が多いようです。振り子投げ（P109）、カニ走り投げ（P108）を行ってみましょう。振り向き投げ（P111）で、肩を十分に後方に回した姿勢から投げに移る感覚を身に付けるのも効果的です。

COLUMN

遠くまで投げることの意味

投げる運動は、多くのスポーツに見られ、その使用頻度も高いものです。野球、ソフトボール、陸上競技の投てき種目はもとより、バスケットボール、ハンドボール、ラグビーなどでも必要不可欠な運動で、動作が習熟していないことは、それらのスポーツを楽しむ上で大きなネックになります。

そのほかにも、意外と知られていない部分でも影響が見られます。投動作は、テニスのサーブやストローク、バドミントンのクリアー、ゴルフのスイングなどの打動作とよく似ています。子どもの頃に投動作を洗練させ、力強いものにすることが、テニス、バドミントン、ゴルフなどの一生続けていくことができるスポーツへの積極的な取り組みにつながるでしょう。

つまずき03 腕がムチのようにしなやかに振れない

　腕を棒のようにして振ったり、砲丸投げのように突き出すように投げるとボールのスピードは高まりません。ムチのようにしなやかに振ることができると手首のスナップも効き、速いボールを投げることができます。

原因1 ボールを握る手に力が入りすぎている

解決法 ボールを柔らかく握り、スナップ投げで手首のスナップの感覚を教えます。腕を速く振ることができても手首に力が入っていれば、腕はしなやかに振れません。

原因2 投げる腕のひじが下がってしまう

解決法 投げる腕のひじを下げたまま、腕を前方に振っても、ムチのようには振れず、砲丸を押し出すような動きになります。バックスイングで脇を開けるような意識を持ちましょう。振り子投げ（P109）が効果的です。

原因3 上体がうまく使えない

解決法 バックスイングでしっかりと肩を回し、上体を後傾させた姿勢をとります。その姿勢から肩のひねり戻しと上体の前方への起こしを使って一気に投げます。そうすると、腕をムチのように振ることができます。

つまずき04 ボールを離すタイミングがずれる

　投げる運動の経験の少ない子どもたちにはボールを離すタイミングが一定でなく、地面にたたき付けたり、投げている最中にすっぽ抜けて真上に投げ上げてしまう失敗が見られます。
　こういったケースでは、ボールの握り方や握る強さを教えるほかに、目標に向かって投げるような練習が効果的でしょう。

解決法1 余裕を持って握ることができる大きさのボールを右のように正しく握ることを教えます。卵を握るように柔らかく握ることもポイントです。

解決法2 投げ出す方向に目標物を置いて、それに向けて投げさせるようにします。たとえば、地面に置いた段ボール箱や、空中につるした的を目標にしてみましょう。このような練習を通してボールを離すタイミングが自然に身に付いてきます。P109の的あて、スローイングゴルフが効果的です。

No. 15 打つ ●対象：小学校3～6年
ボールを打つ

◆ 正しいボールの打ち方とは？ ◆ → DVD

＊すべて右打ちを例とします。

スーパーアドバイス
- バットはやや寝かせて、後ろ足の真上にくるようにしてごらん
- バットより先に腰を回すようにしよう
- ボールがバットに当たるまで目を離してはいけないよ！

リラックスしてバットを握ります。 後ろ足に体重を乗せたまま、バットを振り始めます。 腰を回転し始めます。

 チェックポイント：後ろ足に体重が乗っているか

 チェックポイント：腰から回転を始めているか

大切なポイント
バットがボールに当たるまで目を離さない

バットにボールを当てるためには、ボールをよく見ることが基本です。また、安定したスイング動作が大切です。スタンス、構え、バットの握りなどの基本事項をしっかりマスターしましょう。

〈練習のしかた〉
●水平にバットを振る　（P119）
●ボールにバットを当てて振り抜く　（P119）

| 練習のしかた | 1. 手で打つ ➡P116
2. 止まったボールを打つ ➡P117
3. 投げられたボールを打つ ➡P120 | よくあるつまずき ➡P121 |

打つ / ボールを打つ

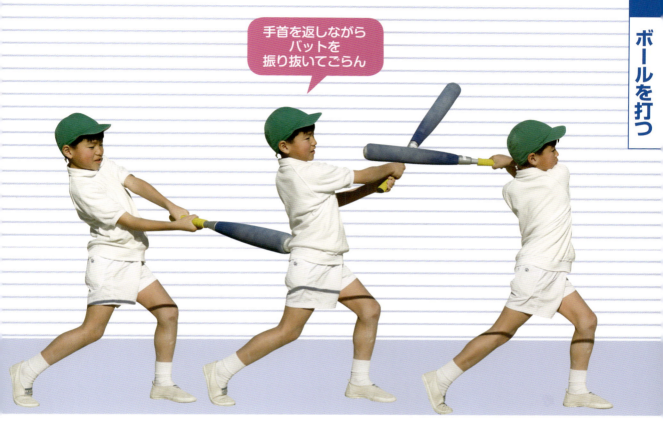

手首を返しながらバットを振り抜いてごらん

腰の高さでバットを振ります。

後ろ足から前足に体重を移動させます。

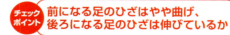

チェックポイント：地面に平行になるようにバットを振っているか

チェックポイント：前になる足のひざはやや曲げ、後ろになる足のひざは伸びているか

COLUMN

バッティング動作得点

〈＊P121参照〉

バッティング動作に関して、小学校の段階では、右の動作得点における3ないし4レベルの動作が行えるようになるとよいでしょう。特に女子に関しては、1あるいは2のレベルにとどまっている児童も見受けられるので、体が横を向いて踏み込みながらバットが振れるようにさせてあげたいものです。

段階（動作得点）	解説
5	体が横を向き、踏み込みありで体軸が安定
4	体が横を向き、踏み込みありだが体軸が不安定
3	体が横を向き、踏み込みがない
2	体が投手に対して正面を向き、踏み込みあり
1	体が投手に対して正面を向き、踏み込みがない

●廣瀬武史ら：小学校期におけるベースボール型ゲームカリキュラム作成の基礎的研究（2004）

◆練習のしかた◆

Step 01 手で打つ
〈小学校 中・高学年〉

●ハンドベースボール

ティーの上に乗せたボールを手で打つ

比較的大きなボールを用い、ティー（ボールを乗せる台）に乗せた状態で、手を開いた状態あるいは握った状態でボールの中心を打つようにしましょう。

投げ上げたボールを手で打つ

横向きになり、自分で投げ上げたボールを手で打ってみましょう。

ピッチャーが投げたボールを手で打つ

ピッチャーは打ちやすいボールを投げるようにします。バッターは横向きで構えて、飛んでくるボールをよく見て打ち返してみましょう。

Step 02 止まったボールを打つ
〈小学校 高学年〉

●バットの握り方

力を入れすぎず、右手と左手の間を空けないように握ろう。

バットが重いときや長いと思うときには、こぶし1個ぶんバットの端を空けるといいよ。

右手と左手の間にすき間が空くと、バットがうまく振れないよ！

打つ　ボールを打つ

●ティーのセッティングとスイング

ティーの高さを打ちやすい位置に合わせよう。おへその高さが目安だよ。

立つ位置に注意！　ティーよりやや後ろに立つとボールを打ちやすいよ！

ボールを最後まで見よう！

ボールを最後までよく見て、まっすぐにバットをボールに当てるようにしよう。

No. 15 ボールを打つ

● 体をひねるイメージをつかむ

ボールを両手で挟んで持ち、バッティング動作と同じように体を後ろにひねり、体を回転させながら、前にボールを放り出すイメージをつかみましょう。

● 打ちたい方向に打ち分ける

センター（中央）方向に打つ

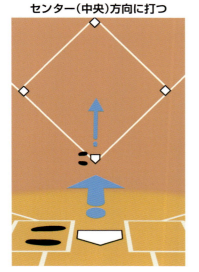

レフト（左）方向に打つ

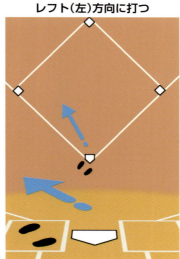

ライト（右）方向に打つ

COLUMN

用具の工夫

道具は工夫次第で自分たちでも作ることができます。

牛乳パックやペットボトルで、ティーを作ることができます。牛乳パックやペットボトルの底を切り取り、下半分に切り込みを入れて、コーンにかぶせると安定します。

●水平にバットを振る

荷造り用のテープやひもなどを腰の高さにピンと張り、それに沿ってスイング動作を行います。

足を肩幅より少し広く開き、ひざの力を抜いて、バットを正面に構えてごらん。

体を大きくひねってバックスイングをしてごらん。そのとき前かがみにならないようにしよう。

前足に体重を移動して、ボールを思い切り遠くに飛ばすイメージで、水平にバットを振ってみよう。

水平に振ろう

●つるしたボールにバットを当てて振り抜く

やや大きめの柔らかいボールをボールネットなどに入れて、棒につるし、一人が棒を持ち、もう一人がバッティング動作をします。

前足がボールより前へ出ないように構えてごらん！

頭を動かさず、ボールをよく見て、バットを当てよう！

後ろ足から前足に体重を移動させながら、バットを振ってごらん。

打つ　ボールを打つ

Step 03 投げられたボールを打つ
〈小学校 高学年〉

●トスバッティング
トスされたボールを打つ

バッターの斜め前方から腰の高さを狙ってボールをトスし、バッターは足を踏み込みながら打ち返します。

●ピッチャーのボールを打つ
ボールを遠くに飛ばすコツ

ボールを遠くに飛ばそうとして、バットを下から上に振り上げると、空振りしたり、ボールの下をたたいてフライになってしまいます。遠くに飛ばすためにも基本は水平スイングで、ボールの芯をとらえることが大切です。

◆よくあるつまずきと解決の方法◆

つまずき 打ったボールが遠くまで飛ばない

解決法 握った左手と右手をつけること。
バットを水平に振るようにする。
ティーに乗せたボールを打つときは、
軸足でないほうの足を、ティーの横に位置する。

グリップはしっかりと握ろう

ボールを最後まで見ていよう！

COLUMN

バッティング動作の発達パターン

　小学生の男女を対象としたトスバッティングの動作に関して、学年ごとに動作パターンを分類し、得点化した研究によると、男子の場合、1年生（平均3.3）から6年生（平均3.6）まであまり加齢的変化は見られず、1年生の時点で横を向いて打てる児童が比較的多く存在していました。一方女子の場合は、1年生では平均1.3と横を向いて打てる児童は少なく、6年生になってようやく2.9に達するものの、3点以下にとどまる児童が多く見られたと報告しています。

段階 （動作得点）		
5		体が横を向き、踏み込みありで体軸が安定
4		体が横を向き、踏み込みありだが体軸が不安定
3		体が横を向き、踏み込みがない
2		体が投手に対して正面を向き、踏み込みあり
1		体が投手に対して正面を向き、踏み込みがない

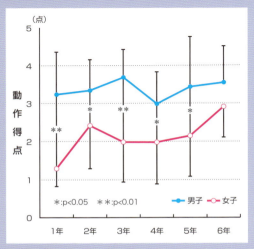

*: $p<0.05$　**: $p<0.01$

● 廣瀬武史ら：小学校期におけるベースボール型ゲームカリキュラム作成の基礎的研究（2004）

No.16 受ける ボールを受ける(捕る)

●対象：小学校1〜6年

◆ 正しいボールの捕り方・投げ方とは？ ◆

飛んでくるボールに合わせて手を引いてごらん

スーパーアドバイス

飛んでくるボールに対して構えます。 ボールの勢いに合わせて手を引きます。

チェックポイント 手を引きながら、捕球動作を行っているか

チェックポイント 捕球するとき、横を向いているか

大切なポイント 手を引きながら捕り、スムーズに肩を後ろに引く動きに移行できること

ボールが飛んでくるのに合わせて、手を引きながらキャッチしましょう。

ボールを受けたら、そのまま肩を引き、反対の足を一歩前に踏み出して、ボールを投げましょう。

| 練習の
しかた | 1. ボールを受ける・捕る　　➡P124
2. 移動しながらボールを受ける・捕る　➡P126
3. ボールを捕って投げる　　➡P127 | よくある
つまずき
➡P127 |

受ける　ボールを受ける（捕る）

「ボールを捕ったらそのまま肩を後ろに引いてみよう」

「投げるときは、大きく一歩前に踏み出して投げてみよう」

腕を肩より後ろに引いて投げる準備をします。 ひじが先に出るようにしながら、ボールを投げます。

チェックポイント 投げる手と反対の足を踏み出せているか

チェックポイント 体の中心をひねりながら、腕を振っているか

COLUMN

捕球動作のパターン

　幼児の捕球動作の発達に関する調査によると、男女とも小学校就学前には、5回投げたボールを平均で4回以上捕球することができるようになるとしています。また捕球動作パターンに関しては、同じく小学校就学前の段階でパターン3〜4の捕球動作が行えたとしています。ボールを受ける動きは、小学校の低学年で、できるようになるとよいでしょう。

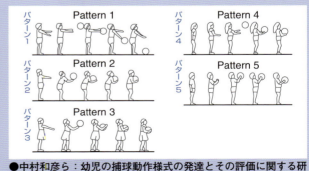

●中村和彦ら：幼児の捕球動作様式の発達とその評価に関する研究（1989）

◆練習のしかた◆

Step 01 ボールを受ける・捕る

●自分で投げて受ける

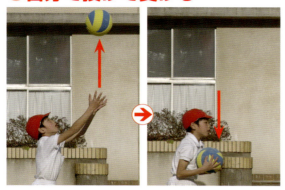

自分で投げ上げて受ける
徐々に放り上げる高さを高くしてみよう。

横から投げて片手で受ける
はじめは体の正面で受ける。徐々に距離を遠くしてみよう。

背中越しに投げて前で受ける
上体をかがめながら、できるだけ真上に放り上げて受けてみよう。

前から投げて背中で受ける
はじめは肩越しで受ける。次に頭越し、さらにできたら高く放り上げて受けてみよう。

COLUMN

捕って投げる連続動作の発達

　捕って投げるという一連の動作に関する調査によると、小学校1年生ではステップなしで捕り、腕だけで投げるパターンの児童が多く見られましたが、学年進行に伴って動作パターンは男女とも向上しました。男子の場合、6年生になるとステップを踏みながらスムーズに投動作に移行できる割合が増えますが、女子の場合には、4年生以降動作パターンの向上が停滞し、男女差が顕著に表れるようになります。

　低学年では、まず「捕る」「投げる」のそれぞれをしっかり身に付け、中学年以降で「捕る-投げる」の動きをスムーズにできるようになるとよいでしょう。

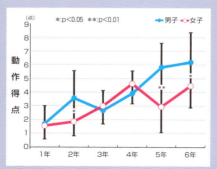

●廣瀬武史ら：小学校期におけるベースボール型ゲームカリキュラム作成の基礎的研究（2004）

●相手の投げたボールを受ける

胸を目がけて投げられたボールを受ける。

バウンドして弾んでくるボールを受ける。

ジャンプ!!
ジャンプしながらいちばん高いところで受ける。

バウンドを予測してできるだけ低いところで受ける。

２個のボールをお互いに同時に投げて受ける。

いろいろなバリエーションで２個のボールを投げて受ける。

受ける　ボールを受ける（捕る）

いろいろなボール投げをやってみよう！

125

No. 16 ボールを受ける（捕る）

Step 02 移動しながらボールを受ける・捕る
〈小学校 中・高学年〉

● 自分で投げて移動して受ける

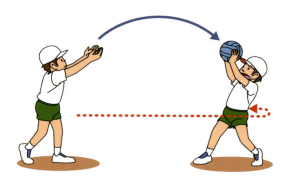

前方に放り上げて体位を変換して受ける。

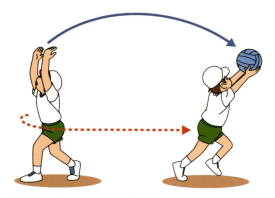

頭越しに後ろに放り上げて、前方で受ける。

前方に放り上げて、前転してから受ける。

いろいろな受け方にチャレンジしよう。

● 2、3人で移動して受ける

3人組になり、頭上高く放り上げ、素早く位置を移動して受ける。

みんなで捕れたら楽しいよ！

Step 03 ボールを捕って投げる

●大きなボールを捕って片手で投げる

ドッジボールの受け方・投げ方のコツ
- ひざをかるく曲げ重心を低めにして構える。
- ボールを怖がって目を離したりしない。
- 腕や手はリラックスして構え、手だけでボールを捕ろうとしない。
- 胸を丸めるようにし、ボールを胸の正面で受け止め、腕と手でボールをおさえる。
- ボールを捕ったら、上体をひねりながら利き腕を後ろに引いた後、反対の足を前に踏み出して投げる。

ドッジボールを用いたキャッチボール。

●小さなボールを捕って片手で投げる

野球などのボールの受け方・投げ方のコツ
- 手のひら側を相手に向け、視線よりやや低い位置で構える。
- ボールを怖がって目を離したりしない。
- 腕や手はリラックスして構え、手だけでボールを捕ろうとしない。
- ボールを捕ったら、上体をひねりながら利き腕を後ろに引いた後、反対の足を前に踏み出して投げる。

野球などのボールを用いたキャッチボール。

◆よくあるつまずきと解決の方法◆

つまずき ボールをうまく捕ることができない

解決法 低学年では、ボールへの恐怖心から目をつむったりしてボールをしっかり見ていないケースがあります。また腕を伸ばし切っていると、ボールの勢いを緩衝できず、うまく捕ることができません。まずは自分で投げ上げたボールをキャッチするところから始め、段階的に距離を遠くしたり、ボールの速度を上げたりする練習をしましょう。

あっ、怖い！

受ける　ボールを受ける（捕る）

No. 17 なわを跳ぶ（短なわ）　●対象：小学校1～6年
二重跳び

◆正しい二重跳びとは？◆ → DVD

スーパーアドバイス

手はズボンのゴムの位置にしよう

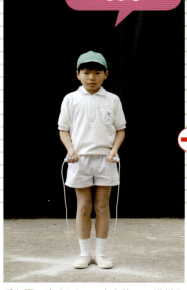

手を腰の高さにして、力を抜いて準備をします。

チェックポイント 手を腰の高さにしてなわを回しているか

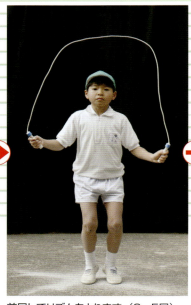

前回しでリズムをとります。（3～5回）

チェックポイント 手首でなわを回すことができているか

その場でジャンプしよう

やや高くジャンプをし、なわを速く回旋させます。

大切なポイント　手首を使ってリズムよくジャンプしよう

●手首で回そう

　リラックスした姿勢で、手首を使ってなわを回します。力が入りすぎて腕が大きく回ってしまうとうまくなわを回すことができません。

●リズムよくジャンプする

　ひざをかるく曲げてつま先でジャンプします。高く跳びすぎるとリズムが悪くなったり、続けて跳ぶことが難しくなります。

128

| 練習の しかた | 1. なわ回しに慣れよう　→P130
2. 二重跳びに挑戦　→P132
●なわ選びやなわの使い方　→P133 | よくある つまずき →P134 |

なわを跳ぶ

二重跳び

「ヒュ・ヒュンと 2回目を 速く回そう」

「下を向かないで まっすぐ前を 見よう」

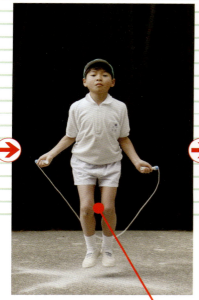

グリップの位置は、腰の高さを維持します。

つま先で着地をして、次のジャンプに備えます。

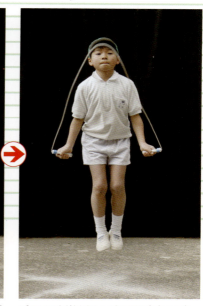

バランスを崩さないように再びジャンプし、なわを回旋させます。

チェックポイント　かるくひざを曲げて跳ぶことができているか

チェックポイント　同じ場所で跳ぶことができているか

子どもに伝えたい 「二重跳びを成功させるポイント」

①短い時間でも毎日コツコツ練習しよう
②ほかの人に数を数えてもらおう
③なわに名前を書いて大切にしよう

①二重跳びは、突然うまくなることはありません。毎日コツコツ練習しましょう。
②家族や友達に数を数えてもらって、跳び方を見てもらいましょう。
　自分では気がつかないことを発見してもらえるかも。
③自分の使っているなわに愛着を持ってていねいに扱いましょう。
　ほかの人のなわと間違えたり、なくしたりしないようにマジックで名前を書いておきましょう。

◆練習のしかた◆

Step 01 なわ回しに慣れよう

短なわ跳びを成功させるためには、なわ回しが重要なポイントとなります。安定したなわ回しのために次の練習をしましょう。

● 片手でなわを回してみる

片手になわを持って、なわを回してみましょう。手首でなわを回すことができるようになったら、なわに合わせて跳んでみます。

両手に持つ場合には、切れたなわを左右に1本ずつ持つとよいでしょう。

手首で回すようにしてみよう

● なわを跳んでみる（なわが1回回る間に1回跳ぶ）

なわが1回回る間に1回だけ跳びます（1回旋1跳躍）。
ひざを曲げて跳んだり、腕を大きく回してしまったり、手が大きく広がってしまわないように気をつけます。

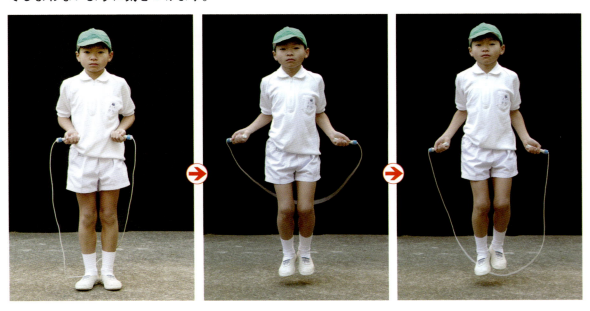

●30秒早回し

　前回し跳びを30秒間で何回跳ぶことができるかに挑戦しましょう。2人組になり、一人が早回し跳びに挑戦し、もう一人が跳んだ数を数えます。30秒間は、引っ掛かっても跳び続けます。30秒間で70回から80回を目標にしましょう。

　跳ぶ人は手首を使ってなわを回すようにします。腕を回してしまうと回数は増えません。

　数え方は、跳んでいる人の足をよく見て、跳んだ数を数えます。よく見ていないと数えることができません。

足を見て回数を数えよう

なわを跳ぶ　二重跳び

●手たたき二重

　なわを持たないで1回跳ぶ間に手を胸の前で2回たたいたり、太ももを2回たたいてリズムを覚えます。

　慣れてきたら、続けて何度もできるようにしましょう。

●腰抜け二重跳び

　前回し跳びを数回跳んだあとに、二重跳びを1回だけ跳びます。

　このときは、ひざを曲げてできるだけ高く跳び上がり、できるだけ滞空時間を長くします。ひざを曲げたまま着地しましょう。着地するときに腰が抜けたような姿勢になります。

　1回跳ぶ間になわを2回回すことがねらいです。

高く跳んで2回回す！

No. 17 二重跳び

Step 02 二重跳びに挑戦

● 階段二重跳び

階段二重跳びは、腰抜け二重跳びと前回し跳びの組み合わせです。前回し跳び（3〜5回）→腰抜け二重跳び→前回し跳び（3〜5回）→腰抜け二重跳び、というように続けていきます。

慣れてきたら、前回し跳びの回数を減らしてみましょう。

階段二重跳びが10回跳べるようになったら、いよいよ二重跳びに挑戦です。

前回し跳び

腰抜け二重跳び

立ち上がって前回し跳び

腰抜け二重跳び

● ジャンプボードを使って

ジャンプボードの力を借りて二重跳びに挑戦しましょう。

高く跳んでいる間になわ回しを素早く行います。ジャンプボードの上で10回続けて跳ぶことができたら、地面で挑戦しましょう。

ポイント　なわ選びやなわの使い方

●なわの長さを調節して

　基本的になわの長さは、なわを足で踏んだときに、グリップが脇の高さにくる程度が適当です。上達するにつれて、だんだんとなわの長さを短くしていきましょう。頭すれすれをなわが通過するくらいまで短くすることができます。

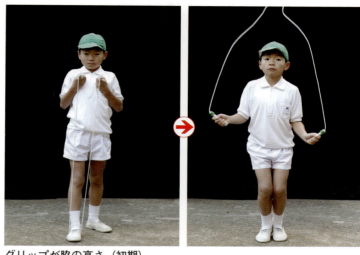

グリップが脇の高さ（初期）

グリップがへその高さ（上達すると）

跳びやすいなわを使おう

●なわの管理はしっかりと

　グリップの中で下のように結び目を作って、長さを調節してしまうと、なわがスムーズに回らなくなります。繰り返し跳んでいると、グリップ付近でねじれてしまいます。なわの調節は、止め金具などの付属品でしっかりと。

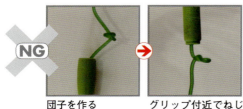

団子を作る　　グリップ付近でねじれてしまう

●回しやすいなわを使おう

　二重跳びを成功させるためには、なわ選びが重要です。中まで詰まったビニール製のなわのものが回しやすいでしょう。

㈱アシックス提供

◆よくあるつまずきと解決の方法◆

つまずき01 ジャンプが乱れてしまう

姿勢よく跳び続けることができない。何回か跳んでいると姿勢が乱れてくる。特に多いのがひざを曲げて跳んでしまったり、上半身が前傾してしまうことです。また、続けて跳ぼうとすると徐々に場所を移動してしまうことがあります。

原因1 徐々に跳ぶ位置がずれてしまう

地面に印をつけ、自分がどこで跳んでいるか確認しましょう。

地面に印をつける。

印の上でなわを跳ぶ。

原因2 足の裏で着地してしまう。ひざが曲がってしまったり、上半身が前傾する

ジャンプボードを利用して安定したジャンプを身につけましょう。ジャンプボードの上でジャンプをするときは、余計な力が入ってしまうとうまくジャンプを続けることができないので注意しましょう。

何も持たずにジャンプボードに乗る。

ジャンプボードで連続ジャンプ。

つまずき02 **2回し目（2回旋目）が足に引っ掛かってしまう**

なわ回しがうまくできていないため、跳んでいる間に2回旋させることができません。そのため、2回し目が足に引っ掛かってしまうのです。

原因 ジャンプしている時間が短く、なわ回しが追いつかない

解決法1 空中にいる時間を長くし、その間になわを2回旋させる練習をします。階段や台などの高いところからジャンプをして、その間になわを回します。なわを2回旋させることを強く意識することが大切です。

踏み台や階段の上に乗る。

空中で2回なわを回す。

着地する。

解決法2 高くジャンプする力をジャンプボードから借り、高く跳んでいる間になわを回します。

なわを2回回す意識を！

なわを跳ぶ　二重跳び

No.18 なわを跳ぶ（長なわ）
8の字跳び

●対象：小学校1〜6年

◆ 正しい8の字跳びとは？ ◆

スーパーアドバイス：なわが地面に当たる音がしたら走り出そう

×印のところで真上にジャンプ

なわをゆっくりと回し出します。

チェックポイント 大きな弧を描くなわ回しができているか

なわの中央でジャンプします。

チェックポイント なわの中央で跳ぶことができているか

タイミングを合わせてなわに入ります。

大切なポイント：なわを回す子が大切です

●なわ回しが大切

なわ回しは、肩を支点にして大きく腕を回しましょう。リズムをとるためにひざの曲げ伸ばしを使います。

肩を支点に大きく回す。

ひざの曲げ伸ばしを使って、リズムよく回す。

なわを跳ぶ

8の字跳び

練習のしかた		
1. 長なわ跳びに慣れよう	➡P138
2. 回っているなわに入ってみよう	➡P139
3. 8の字跳びに挑戦しよう	➡P140
4. いろいろな8の字跳びに挑戦しよう	➡P141

よくあるつまずき ➡P142

回している人に向かって走ろう

着地をしたら急いでなわから出ます。

チェックポイント： 間を空けずに次々と跳ぶことができるか

連続で跳んでみます。

チェックポイント： なわを回す人に向かって走っているか

前の人が出ると同時に次の人がなわに入ります。

スマートな8の字になるように

子どもに伝えたい

ポイントを押さえればうまくなれる

「8の字跳びを成功させるポイント」

① なわは手に巻き付けて回そう
② リズムよくなわを回そう
③ 仲間の失敗にやさしく声をかけてあげよう
④ 全員がなわ回しを上手にできるようになろう

① なわを回している途中に、手から離れることを防ぐことができます。また、なわの長さを調節することもできます。
② ひざの曲げ伸ばしを使ってリズムよく回しましょう。
③ 長なわ跳びに失敗はつきもの。グループみんなで協力しましょう。
④ なわ回しは輪番制で全員が行いましょう。

◆練習のしかた◆

Step 01 長なわ跳びに慣れよう

まずは、なわに合わせて跳ぶこと。それと、なわをしっかりと回すことを身に付けましょう。

●大波小波

大波小波は、なわを左右に振動させてそのなわを跳びます。
一定の場所で跳び続けられるようにしましょう。

なわは左右に振る。

●郵便屋さん

はじめは、なわの横に立ち、左右に揺れるなわを跳びます。
1枚、2枚……という歌詞に合わせて回旋するなわを跳びます。

1枚、2枚、3枚……

なわを左右に振る。

なわを、ぐるっと回旋させる。

Step 02 回っているなわに入ってみよう

いよいよ回っているなわに合わせて動いてみます。動いているなわに合わせて、なわに入り、ジャンプして、なわから抜けることは一見簡単なようですが、意外と難しい動きです。通り抜ける場所、跳ぶ場所に気をつけて次の2つの練習をしてみましょう。

●くぐり抜け

回旋しているなわにタイミングを合わせて通り抜けます。なわに触れずに、反対側にくぐり抜けることができたらOK。どのタイミングで走り出すといいのか考えてみましょう。

タイミングをはかる。

走り出す。

くぐり抜ける。

●Oの字跳び

くぐり抜けの次の段階として、Oの字跳びをやってみましょう。このOの字跳びは、くぐり抜けの要領で回旋しているなわに入ります。そして、一度なわを跳んでから抜けます。これも、なわに触れずに跳んで抜けることができるようにしましょう。

タイミングをはかって走り出す。

ぐるっと回旋するなわを跳ぶ。

跳んだら、走り抜ける。

No.18 8の字跳び

Step 03 8の字跳びに挑戦しよう

いよいよ8の字跳びに挑戦です。8の字跳びは、なわに入り、跳んで、抜けていくことを、グループで続けていく種目です。まずは、1つ1つのポイントをしっかりとクリアして、なわに引っ掛からずに跳んでみましょう。

●8の字とび

なわに入るタイミングはいつがいいのか、なわをよく見てタイミングを合わせましょう。
①なわが、地面に当たったと同時に走り出そう。
②目の前をなわが通過したときに、なわを追いかけるように走ってみよう。

8の字の形に、ラインを引いておく。

ジャンプをする場所は、なわが地面に当たっているところ。つまり、なわの中心で跳んでみましょう。

なわがいちばん低いところになるので、大きくジャンプをする必要はありません。

ラインが交差したところが、なわの中心。

ジャンプをした後は、なわを回している人の方向に走り出そう。スマートな8の字を目指しましょう。

8の字の形に走るんだよ

ラインに沿った形で走る。

Step 04 いろいろな8の字跳びに挑戦しよう

8の字跳びができるようなったら、いろいろな跳び方のバリエーションにチャレンジしてみましょう。

●スピード8の字跳び

一定の時間の中で、引っ掛からずに何度跳ぶことができるか試してみましょう。

なわ回しのスピードを少しだけ速くして繰り返し跳んでいきます。

1回、2回、3回、…

●2人跳び

回旋しているなわに2人でタイミングを合わせて入り、跳んだ後に出て行きます。2人のタイミングを合わせないとうまくいきません。

●むかい回し

これまでとなわを逆に回します。跳ぶ人は、なわが下から上に向かって回っているように見えます。

この回旋のなわに入って跳ぶためには、自分の目の前をなわが通過したときに入り、駆け抜けるようにしてなわから出ていくと成功します。

◆よくあるつまずきと解決の方法◆

つまずき01 なわに入るタイミングがわからない

回旋しているなわを怖がってしまい、なかなかなわに入っていくことができないことがあります。

原因1 なわを見すぎて、後ろにのけぞったような姿勢になってしまい、走り出すことができない

解決法 なわから少し離れた場所に立ち、そこからなわをよく見てなわを追いかけるように走り出します。

なわを見すぎてしまって、動けない。

少し離れた場所から、なわを見てみる。

なわを追いかけるようにスタート！

原因2 いつ走り出していいかわからない

解決法 なわに入るタイミングをわかっている人（大人でも子どもでもよい）が後ろから背中を押して、タイミングを教えてあげます。それができたら、次に声だけでタイミングを教えてあげます。なわが地面に当たった音を聞いて、タイミングをはかりましょう。

後ろから、背中を押してもらう。

今！今！
なわが地面に当たるタイミングで、声をかける。
なわが地面に当たる音と同時に、走り出す。

つまずき02 なわに引っ掛かってしまう

8の字跳びをしていると、どうしてもなわに引っ掛かる失敗をします。これは、跳ぶときか、なわから出るときかのどちらかに問題があります。友達と連続で跳ぶときに引っ掛かることがなくなるように練習しましょう。

原因1 走り幅跳びのように、遠くからジャンプして回旋しているなわに入ってくる

解決法 なわに入って跳ぶ位置に印をつけます。なわの中央の地面に接する場所に印をつけ、そこでジャンプするようにしましょう。

なわに印をつける。

印の上で跳ぶようにする。

原因2 なわを跳んだ後に、なわから抜け出す方向が悪い

解決法 地面に8の字のラインを記し、跳んだらその方向に走り出すようにします。もしくは、なわ回しをしている人に向かって走るようにしましょう。

地面に8の字のラインを引いておく。

8の字のラインに沿って動く。

> 8の字でなわから抜けられた！

No. 19 遊具で遊ぶ ●対象：小学校1～2年

遊具で遊ぶ

◆正しい遊具遊びとは？◆

●うんてい

[スーパーアドバイス] 振り子のように大きく体と腕をゆらしてみよう

全身を振動させ、振動に合わせて次の棒へ重心を移動します。

●登り棒

「ギュッ！」と脇を締めてつかまろう。余裕があって登れたらすごい！

体を小さく縮め、片方の手だけを伸ばして体を引き寄せます。

 [チェックポイント] 振動をうまく利用して渡っているか

 [チェックポイント] 脇を締め、ひじを曲げてつかまったり登ったりしているか

大切なポイント
遊具遊びは、高いところで全身を緊張させて（引き締めて）遊ぶことが大切です

●うんてい

足の部分を揺らすことで体全体を大きく揺らしましょう。

〈練習のしかた〉
●うんていで大振り　（P146）
●ブランコ　　　　　（P149）

●登り棒

脇を締め、腕を引き寄せて登ります。足で棒をはさんで固定すると登りやすくなります。

〈練習のしかた〉
●登り棒をよじ登る　（P148）
●鉄棒でダンゴムシ　（P151）

| 練習の しかた | 1. 遊具で遊ぼう ➡P146
2. 遊具でこんな技をやってみよう ➡P148
3. 遊具を使ってみんなで遊ぼう ➡P150 | よくある つまずき ➡P151 |

遊具で遊ぶ

遊具で遊ぶ

> 手と足で動かすのは1つだけにしよう。しっかりつかまってから、ほかの手や足を動かそう

●ジャングルジム

手足のうち1つだけを、次へ進む手がかりとして動かし、ほかはしっかりと安定させ、体を支えます。

 チェックポイント 足をかけたり手でつかまったりしながら、左右への移動や上り下りをしているか

> 怖かったら手足をついて歩いてみよう。できれば、立って歩いてみよう

●丸太歩き

●網歩き

最初は横の木などにつかまって、慣れてきたらつかまらずに歩くことに挑戦します。

 チェックポイント 体全体を締めて、前後左右にバランスをとりながら歩いているか

●ジャングルジム

固定した手足と次への手掛かりを探す手足をはっきりと分けて動かします。上り下りだけでなく、左右への移動も自由にできるようにしましょう。

〈練習のしかた〉
●ジャングルジム1周　（P149）

●丸太歩き・綱歩き

体全体を締めてバランスをとります。ひざを少し曲げて重心を下げ、腕を広げるとバランスがとりやすくなります。

〈練習のしかた〉
●平均台　　　　　　（P147）
●大人と手つなぎ　　（P151）

◆練習のしかた◆

Step 01 遊具で遊ぼう

子どもは遊びの中でさまざまな体を動かす感覚を育てています。
子どもなりの工夫を見つけて、どんどんほめてあげましょう。

●うんていで遊ぼう

最初から移動するのはかなり難しい。ぶら下がって大きく振ったり、手や足でじゃんけんすることで楽しみながらぶら下がることに慣れましょう。

ぶら下がったり大きく体を振ってみよう。

じゃんけん、パー！
じゃんけん、チョキ！

足や手でじゃんけん。

●登り棒で遊ぼう

最初から上まで登ることに挑戦するのはかなり難しい。低いところでもいいので、しっかりしがみついたり2本使って大きく振ったりという遊びをやって登り棒に慣れましょう。

しがみついて何秒つかまっていられるか。

手はしっかり握ってね

2本の登り棒を使って大きく体を振ってみよう。

●ジャングルジムで遊ぼう

ジャングルジムでは、安全に上まで登ることから始めます。外側から登れたら次に中から登り、1人で上まで登れるようにしましょう。

ジャングルジムの外側を登る。できれば、いちばん上まで登る。

ジャングルジムの中を登る。

●いろいろなところを歩こう

歩道のような整地されて安定したところばかりでなく、砂利道や芝生、土の上、上り坂や下り坂なども含め、いろいろなところを歩く経験をさせておきたいものです。公園では、遊具の網や丸太などがあれば歩くようにしましょう。

丸太の上を歩いてみよう。両腕を広げてバランスをとる。ひざを少し曲げて重心を下げると安定する。

ひざを少し曲げてバランスをとることが大事だよ

横に歩いたり、後ろに歩いたりしよう。丸太がなければ平均台でもできるよ。

No. 19 遊具で遊ぶ

Step 02 遊具でこんな技をやってみよう

子どもが高いところで遊んでいると、ついつい「危ないから」とやめさせてしまいがちですが、安全に留意しながら見守ってあげられるようにしたいものです。

●うんていででこんな技

うんていを渡りきれる子が少なくなっています。痛みや怖さの影響があると考えられますが、体全体を使って振る感覚やぶら下がる力を培うのによい遊具です。たくさん遊ばせてあげましょう。

落ちずに渡りきる。

1つとばしで渡る。

横に伝う。

●登り棒でこんな技

高いところへ登ると高さで緊張し、全身を締めることにつながります。また、2本の登り棒を使うことで逆さになる感覚や後ろへ回る感覚を培うことができます。

登り棒をよじ登る。

2本使って逆立ち。

足抜き回り。

●ジャングルジムでこんな技

ジャングルジムでは、高いところで上下左右に自由に動き回れるようにしましょう。その際、落下しないように手足のうち1つだけ動かし、ほかの手足はしっかりと固定させて進むようにしましょう。

ジャングルジムの周りを1周。

頂上で立つ。

ちょっとこわいけど足元を動かさないように、しっかり安定させるといいよ。

●ブランコをこいでみよう

ブランコでは体を揺らす感覚を培います。体を揺らすには、ひざの曲げ伸ばしを使います。ほかの遊具で体全体を揺らす遊びもありますが、ブランコでの振動がもっとも簡単に楽しくできるでしょう。

ブランコの振れの頂点の少し前にひざの曲げ伸ばしをするのがポイント。

座ってこいだり、立ってこいだりしよう。ひざの曲げ伸ばしのタイミングがポイント。

●平行棒を手で歩いてみよう

平行棒を手で歩くには、体幹を締めることができなくてはいけません。しっかりおなかや背中、腕に力を入れて、左右に足を振りながら歩いてみましょう。

腕とおなかに力を入れて！

しっかりひじを伸ばして、左右に体を振りながら手で歩く。

Step 03 遊具を使ってみんなで遊ぼう

遊具遊びは学校の休み時間に限らず、近所の公園などでもできるので、毎日でも、子どもが自然に体を動かすことができます。

●うんていや丸太、平行棒でドンじゃんけん

友達が何人か集まれば、じゃんけんゲームで楽しく取り組めます。もちろん、じゃんけんなので大人が入っても大丈夫です。

●ジャングルジムで鬼ごっこ

ジャングルジムでの鬼ごっこは、ジムの中を上下左右に自由に動き回ることが求められます。子ども同士なら、鬼は1〜2段まで上がってよいこととし、鬼が大人であれば地面からタッチするといったルールを工夫して行います。

親子でやっても、友達とやっても楽しくできる。

大人が鬼になっても楽しい。

COLUMN ◇体育の教養◇

遊びの中で基礎感覚を育む

遊具遊びでは、遊びの中で自然と基礎感覚が育まれます。さまざまな感覚を育むことは、どのような運動にも取り組める「動ける体」をつくることにつながります。

現代の子どもにとって、特に大事にしたい基礎感覚は、「体幹の締め」「腕支持」「逆さ」「回転」といった感覚です。

右のような親子の遊びでも、遊びの中で基礎感覚を育むことができます。

手押し車

お父さん回り

大人の体を段階のように上がって、一回転。

◆よくあるつまずきと解決の方法◆

つまずき01　高いところが怖い

大人が安心感を与えてあげられるように補助をしてあげましょう。

足をふみ外さないようにゆっくりと。

解決法1　高いところを怖がる子には、まずは親子で高い高いを行うことで、安心させながら高いところに慣れさせます。

解決法2　平均台や鉄棒の上といった高いところも、手をつないで歩くと安心して歩けます。怖がる子には、足元をよく見て慎重にやらせてください。

つまずき02　ひじを曲げて体を引き上げられない

つまずき03　体を振動させるのが怖い

ゆっくり離していくよ！鉄棒にくっつけるように力を入れて！

●ターザンロープで遊ぶ

解決法　ひじを曲げさせるために、お尻を下から持ち上げてあげます。ひざを曲げてダンゴムシのように丸くなることで全身に力を入れやすくなります。

解決法　一人で揺らすことが難しければ、後ろから押してあげてもいいでしょう。慣れてくれば一人で揺らすことができるようになります。

●親子でブランコ

No. 20 一輪車に乗る ●対象：小学校3〜6年
一輪車

◆正しい一輪車の乗り方とは？◆

スーパーアドバイス：準備のときからしっかりと前を見よう

もう一方の足でペダルを踏み、両方のペダルを水平に！

ペダルをしっかりと踏み込み、一輪車をバックさせよう

手前のペダルを踏み込んで一輪車をバックさせ、乗ります。

もう一方の足でペダルを踏み、ペダルが水平になるまでバックさせます。

チェックポイント：一輪車が体の下に入っているか

チェックポイント：ペダルが水平になっているか

大切なポイント：腰を伸ばして遠くを見ましょう

スタートのときに姿勢をチェックします

腰が伸びていますか？
遠くを見ていますか？
この2つをチェックして、では、スタートです！

NG

OK

| 練習の しかた | 1. 補助をつけて一輪車に乗り、前進してみよう ➡P154
2. 補助なしで前へ進む練習をしてみよう ➡P155
3. 補助なしで一輪車に乗って、進んでみよう ➡P156
4.␣いろいろな進み方・乗り方に挑戦しよう ➡P157
5. いろいろチャレンジ！ ➡P158 |

サドルに体重を乗せて前に進もう

終わるときは、後ろ手でサドルを持って下りよう

進むスピードをゆるめずペダルをこぎ続けよう

しっかりとサドルに体重を乗せ、前を見て進みます。

サドルの後ろを持って、降車します。

チェックポイント サドルに体重を乗せているか

チェックポイント 遠くを見て腰を伸ばしているか　適当なスピードを保っているか

チェックポイント 一輪車を保持しているか　安全に着地しているか

進んでいるときにもよい姿勢を保つようにします

カーブするときも進行方向を見て腰を伸ばした姿勢で。

バックするときでも腰を伸ばした姿勢で。

◆練習のしかた◆

Step 01 補助をつけて一輪車に乗り、前進してみよう

●補助の方法

①仲間の補助で

補助者は、乗る人の左右に立って下から支えるように、手のひらで補助をします。乗る人は補助者に頼りすぎないようにしましょう。補助の方法のナンバーワンは他の人の補助！

②壁や鉄棒、跳び箱などで

補助者がいない場合は、壁や鉄棒、跳び箱などで体を支えながら前に進む練習をします。転んだときのことを考えると、芝生などの上で練習したほうがよさそうですが、実は下が平らで固い場所のほうが上達は早いのです。

●乗車・乗り越え・前進

さあ、一輪車に乗る練習です。練習をするときにいつも気をつけてほしいことは、前を見て腰を伸ばした姿勢です。また、サドルにしっかりと乗ることができると、一輪車が軽く進んでくれます。

①乗車の準備

ペダルを手前にして、踏み込んで乗車します。

②乗り越え

最初の練習は「乗り越え」です。サドルを持つことを忘れずに！

③前進

前に進むときに気を付けることは、止まったときはペダルを水平に！

❗ 一輪車は安全ですよ！

一輪車の練習では、落ちてケガをしないかが心配ですが、一輪車が腰の下から外れても、体は真下に下りて足から着地できるので安全です。

Step 02 補助なしで前へ進む練習をしてみよう

●バランスをとって、スタート！

スタートで姿勢を確認して、バランスをとりながら前に進んでみましょう。途中で止まったら、ペダルを水平にしてからもう一度スタートです。

①姿勢を確認して

腰を伸ばして。前を見て。ペダルは水平にして。サドルに体重を乗せたかな。

②いろいろなスタート

友達の補助からスタートしてみます。補助で前進しながら、途中から手を離してみます。

鉄棒や跳び箱、支柱などのつかまりやすいところからもスタートができます。

●どこまで行けたかな？

いよいよ前にこぎ出してみます。最初はペダルが水平になるまで半回転させる。次は一回転。慣れてきたら連続してペダルを踏んでみましょう。スタートをやり直すときには、いつでも姿勢を確認し、必ずペダルを水平にします。

①目印をはっきりさせよう

自分がどこまで行けたかはっきりしているとやる気も出るものです。コーンやラインを目印にするとよいでしょう。

②曲がった方向に進もう

思った方向からずれても、その方向に進みましょう。

No. 20 一輪車

Step 03 補助なしで一輪車に乗って、進んでみよう

●補助なし乗車

補助付きの乗車でやり方がわかってスムーズに乗車できるようになったら、いよいよ補助なし乗車に挑戦です。補助なし乗車ができれば、補助者がいなくてもつかまるものがなくても、一輪車を楽しむことができます。ポイントを確認しながら繰り返し練習しましょう。

①乗車の準備

手前のペダルに足を乗せて準備です。

②踏み込んでバック

バックをしてサドルに乗ります。両足はペダル。

③もう一方の足でさらにバック

ペダルが水平になるまでもう一方のペダルを踏んでバックさせます。

❗ ポイント

腰を少し引くのがポイントだよ

ペダルを踏み込んで一輪車をバックさせたときに、頭を動かさないようにして、腰をちょっと引くのがポイントです。また、両手でバランスをとるのも大切です。ペダルが水平になってバランスがとれたら、すぐに前進です！

いっしょに練習している友達にケガをさせないためにも、また一輪車にキズをつけないためにも、一輪車が飛んでいかないようにすることです。「乗り越え」（P154）を練習するときに、サドルの後ろを持つようにします。乗車の練習のときも同じです。乗車の練習は、一輪車をつかまえる練習でもあります。

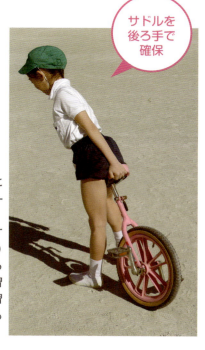

サドルを後ろ手で確保

Step 04 いろいろな進み方・乗り方に挑戦しよう

　一定の時間や距離を進むことができるようになったら、いろいろな進み方・乗り方をしてみましょう。

●ジグザグ走

①スラローム
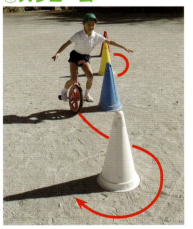

②8の字走

③組み合わせ

●バック走

①友達の補助で

②補助の手を離れて！

●アイドリング

　アイドリングは、前進とバックを繰り返して一定の場所に止まる方法です。いろいろな運動を始めるときの準備の動きにもなる大事な運動ですから、一人で進めるようになったらぜひ挑戦してみてください。慣れてくると、頭の位置は変わらずになめらかに行うことができます。通常は半回転ずつの前進とバックを繰り返しますが、それぞれ1回転させると「ダブルアイドリング」という難しい運動になります。

Step 05 いろいろチャレンジ！

8の字走ができるようなったら、いろいろなバリエーションに取り組んでみましょう。

●難しい技に挑戦！

①片足でペダルをこいで進もう

②スピンしてみよう

③ジャンプしてみよう

サドルを持って。

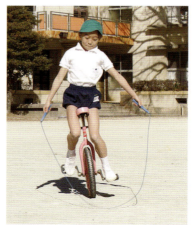

なわ跳びジャンプ！

前進・後退、右折・左折、何も持たないで・何か（なわ跳びやボールなど）を持って、短距離走・長距離走、一人で・大勢でなど、一輪車でいろいろな挑戦が可能です。自分で、あるいは友達といろいろなチャレンジを楽しんでください。

●仲間と演技をしてみよう

みんなですると楽しいね

（写真提供　社団法人日本一輪車協会）

◆一輪車を楽しむために◆

●自分に合った一輪車を選びましょう

16インチ

20インチ

24インチ
（写真提供　宮田工業株式会社）

　一輪車には、車輪の大きさが違ういくつかの種類があります。技能に関係なく、自分の身長に合わせて選びましょう。同じような身長の人と練習すると、同じ一輪車を使うことができます。また、サドルの高さも大切です。自分のおへその高さに合わせるとよいでしょう。

●練習場所を選びましょう

　校庭や公園に鉄棒があると、広いところで遊んでいる人の邪魔にならないで練習できます。平行棒があるとバランスを保ちやすく、上達も早くなります。また、下が平らで固い場所のほうが一輪車が進みやすく、柔らかくて凸凹の場所よりも上達も早くなります。

●家族や友達と練習しましょう

　手伝ってくれる人がいると、補助をしてもらえるし、うまくいかない原因もアドバイスしてくれます。一人で練習するよりもやる気が出て、上達も早くなるでしょう。一輪車選びでも述べましたが、クラスの友達といっしょに練習するなら、同じような身長の人と練習するのがいいでしょう。

●一輪車の手入れや保管にも気を付けましょう

- タイヤに空気が入っていますか？
  パンパンに近いくらいに空気が入っているほうがよく進みます。
- サドルの高さはいいですか？
  おへその高さ！
- サドルやペダルがゆるんでいませんか？
  ケガの元になります。
- 一輪車を壁に立てかけていませんか？
  壁に立てかけておくと、サドルのレザー部分を傷める原因になります。学校で保管しているように、サドルの部分を掛ける収納方法などが適当です。自分の家でも工夫して保管しましょう。

一輪車を始めましょう

編著者紹介

■編著者

髙橋　健夫（たかはし　たけお）　**筑波大学名誉教授**
1943年生まれ。東京教育大学大学院体育学研究科修了。博士（体育科学）。筑波大学教授、同大学体育専門学群長、2005年同大学副学長を経て、2007年より2013年日本体育大学大学院教授（研究科長）。専門は体育科教育学。日本スポーツ教育学会会長、日本体育科教育学会会長などを歴任。著書は『体育科教育学入門』（大修館書店）など。文部科学省小学校学習指導要領作成協力者（小学校体育主査）を務める。2013年、逝去。

松本　格之祐（まつもと　かくのすけ）　**桐蔭横浜大学教授**
1952年生まれ。東京教育大学体育学部卒業。1975年より東京教育大学（現筑波大学）附属小学校に29年間勤務。その間、NHK教育番組「はりきって体育」番組協力委員、雑誌「学校体育」編集委員を務め、小学校に勤務しながら2002年筑波大学大学院体育研究科修了。04年よりびわこ成蹊スポーツ大学助教授、同大学教授を経て、08年より現職。専門は体育科教育法。著書は『苦手な運動が好きになるスポーツのコツ』（ゆまに書房）など。

尾縣　貢（おがた　みつぎ）　**筑波大学教授**
1959年生まれ。筑波大学大学院体育学研究科修了。博士（体育科学）。奈良教育大学助教授、筑波大学准教授を経て、2009年より現職。専門はコーチング学、マネジメント論。日本陸上競技学会副会長、日本陸上競技連盟専務理事、日本オリンピック委員会理事。著書は『ぐんぐん強くなる！陸上競技』（ベースボールマガジン社）など。文部科学省高等学校学習指導要領作成協力者、また世界陸上競技選手権団長などを歴任。

髙木　英樹（たかぎ　ひでき）　**筑波大学教授**
1962年生まれ。筑波大学大学院体育学研究科修了。博士（工学）。三重大学助教授、筑波大学准教授を経て、2011年より現職。専門はスポーツバイオメカニクス、スポーツ工学。国際スポーツバイオメカニクス学会会員、日本水泳・水中運動学会運営委員。著書は、『人はどこまで速く泳げるのか』（岩波書店）など。日本水泳連盟医科学委員会委員、水球男子日本代表監督などを歴任、水泳競技の競技力向上に携わる。

■著者

清水　由（しみず　ゆう）　**筑波大学附属小学校教諭**
1973年生まれ。筑波大学大学院体育学研究科修了。東京都狛江市立狛江第七小学校を経て、2004年より現職。筑波学校体育研究会理事、授業ベーシック研究会理事、初等教育研究会理事、日本スポーツ教育学会会員、体育授業研究会理事・研究委員。著書は『小学校体育 写真でわかる運動と指導のポイント ボール』（大修館書店）など。

眞榮里　耕太（まえさと　こうた）　**筑波大学附属小学校教諭**
1980年生まれ。早稲田大学大学院人間科学研究科修了。筑波大学附属小学校非常勤講師、早稲田実業学校初等部非常勤講師を経て、2007年より現職。筑波学校体育研究会理事、初等教育研究会会員。著書は、『小学校体育 写真でわかる運動と指導のポイント とび箱』（大修館書店）など。

編集協力	清水信次	映像制作	株式会社　学研教育アイ・シー・ティー
	島上絹子		
	佐藤正光	映像撮影協力	筑波大学陸上競技部
デザイン	スタジオパラム		筑波大学体操競技部
スチール撮影	市川文雄		桐蔭横浜大学スポーツ健康政策学部
	上田克郎		筑波大学水泳部
イラスト	庄司　猛		日本体育大学ソフトボール部
DTP	株式会社　八重洲PRセンター		
取材協力	筑波大学附属小学校		
	筑波大学		
	社団法人　日本一輪車協会		
	（株）ジョイフルアスレティッククラブ		
	（株）アシックス		
	アフロ		
	宮田工業株式会社		